Jeremiah und Catherine Weser
Deine Augen: das Tor zur Seele

Jeremiah und Catherine Weser

DEINE AUGEN: DAS TOR ZUR SEELE

Das Handbuch zur spirituellen Irisdiagnose

Aus dem Amerikanischen übertragen von
Marion B. Kroh

Goldmann Verlag

Originaltitel: Your Eyes: The Windows to Your Soul

Deutsche Erstausgabe

Der Goldmann Verlag
ist ein Unternehmen der Verlagsgruppe Bertelsmann

Made in Germany · 12/90 · 1. Auflage

Umschlaggestaltung: Design Team München
Umschlagfoto: J. u. C. Weser
Satz: Uhl+Massopust, Aalen
Druck: May+Co., Darmstadt
Redaktion: Gundel Ruschill
DvW · Herstellung: Gisela Ernst
ISBN 3-442-12083-7

Inhalt

Dank

Eine Reihe perfekt inszenierter Ereignisse, wie sie nur vom Größeren Selbst orchestriert werden können, führte zur Entstehung dieses Buches. Wäre auch nur eine einzige dieser Begebenheiten nicht geschehen, wer weiß, ob es je zustande gekommen wäre. Unser Dank gilt allen voran unserem lieben Freund Denny Johnson, der uns an seinem Lieblingskind, dem inspirierten Rayid-Iris-Modell, über die Jahre hinweg teilhaben ließ. Besonderer Dank gilt auch Wulfing von Rohr, der uns zum Schreiben anregte und unseren Eifer immer wieder neu zu schüren wußte, so daß das Buch schließlich und endlich fertig wurde. Und nicht zuletzt ist es dem unerschütterlichen Optimismus unseres Freundes Daniel Dangaran und seiner Versiertheit am Computer zu verdanken, daß es nicht noch länger dauerte. Der eigentliche, letzte Anstoß für dieses Buch aber trat am 30. 12. 1989 in unser Leben. Wir gaben ihr den Namen Veronica Uriel, und dem Geist Uriels ist dieses Buch gewidmet.

Kapitel eins

Die Augen: Spiegel der Seele

»Von der Warte des Körpers aus stellt sich der Geist wie ein Licht-Feld dar, das selbst wiederum in ein Lichtfeld innerhalb eines Licht-Felds im Ewigen Licht eingebettet ist. Es ist unmöglich, die Natur des physischen Körpers unabhängig von drei anderen Licht-Körpern zu verstehen.« (Book of Knowledge: Keys of Enoch, S. 441)

Die physische Entwicklungsgeschichte des Menschen reicht viele Jahrmillionen zurück und umfaßt alle Lebensformen, während die seiner spirituellen Körper zeitlos ist. Jede Generation hatte und hat die Möglichkeit, ihr volles Erbe anzutreten und willentlich, bewußt und frei zu entscheiden, was sie mit dem Geschenk des Lebens anfangen will.

Die Augen enthüllen die bei der Zeugung geschaffene Blaupause; und dieser Lebens- oder Bauplan des Seins verweist darauf, daß es einen Weg spiritueller Evolution gibt. Aber erst wenn der Mensch gewahrt, daß er auf diesem Planeten das Auge Gottes ist, dann und nur dann wird er wirklich klar und unvoreingenommen *sehen* können. Augen sind wunderbare Mandalas der Seele, die über die primär zu manifestierenden Absichten dieser Inkarnation detailliert Auskunft geben. Die ursprünglichen Absichten liegen nicht selten unter vielen Schichten verschiedenartigster Konditionierungen verborgen, weswegen sie nicht ins Bewußtsein rücken. Die Seele selbst aber – und ihre Vehikel – unterliegt keinerlei Fesseln und Beschränkungen, noch nicht einmal, wenn sie sich inkarniert hat.

Unser Anliegen ist es, auf den folgenden Seiten das psychologische und spirituelle Verstehen des symbolischen Gehalts der Information zu befördern, die in die Iris eingeschrieben sind. Diese Information steht in direktem Zusammenhang zu dem, was wir *Soul merge* und *Ascension* nennen (im weiteren *Seelenverschmelzung* und *Aufstieg*; Anm. d. Red.), dem Prozeß der Verschmelzung der Körper mit den Absichten der Seele und dem Zustand der Vereinigung dieser Seele mit dem ursprünglichen Sein, und zu der Anerkennung der Tatsache, daß wir als höhere Licht-Wesen Mitschöpfer des Himmels auf Erden sind. Die Menschheit ist im evolutionären Entwicklungsprozeß so weit fortgeschritten, daß sie sich von der Ausbildung der ersten drei Chakren löst und sich der oberen Dreiheit, dem fünften, sechsten und siebten Chakra, zuwendet, wobei dem vierten, dem Herzchakra, die zentrale Bedeutung zukommt.

Seelenverschmelzung meint das Herabsteigen des Geistes zu bewußter Verkörperung. Es ist die Vereinigung der Dreiheit Mentalkörper, Emotionalkörper und physischer Körper. Es ist ein Prozeß, der durch die, bewußte oder unbewußte, Entscheidung des Individuums, an einer vollständigen Seinserfahrung teilzuhaben, eingeleitet wird. Das Sein unter der Führung des Größeren Selbst in vollkommener Weise zu erfahren, ist unser aller Geburtsrecht. Dieses Größere Selbst kann man sich als die Verbindung oder Brücke zum Ursprung oder zur Quelle des Seins, des lebendigen Universums, vorstellen. Dieses Verständnis vom Größeren Selbst hat eine gewisse Ähnlichkeit mit dem vom Höheren Selbst, und zwar insofern, als beide Bezeichnungen Körper meinen, deren Licht unentwegt pulsiert. Doch da die Bezeichnung »Höheres Selbst« eine hierarchische Struktur im Sinne von höher – niedriger impliziert, geben wir hier dem Ausdruck »Größeres Selbst« im Sinne von »Umfassenderem Selbst« den Vorzug.

Aufstieg meint absolutes Wissen, die mentale, emotionale und physische Erfahrung der Einswerdung mit der Quelle des Seins. Am Anfang dieses Prozesses steht ein Gewahrwerden des unbegrenzten Licht-Spektrums des Bewußtseins. Von daher – je umfassender das Wissen des Selbst um diese Zusammenhänge und je größer seine Akzeptanz, um so offener ist es für diese Erfahrung. Der Weg des *Aufstiegs* beginnt in jedem Augenblick, der frei ist von konditionierten, vorgefaßten und wertenden Ansichten über die Wirklichkeit. Nur im Zustand der Unschuld kann der Himmel auf Erden erschaffen werden.

Das Bekenntnis zur wahren schöpferischen Licht-Natur des Selbst ist ein Schritt in Richtung Erfüllung des innersten Kerns aller Weisheitslehren, welche die göttliche Quelle allen Seins der Lebensstation, die unser Planet darstellt, zukommen läßt. Die gegenwärtig vorherrschenden Realitätsvorstellungen, die die Denkmuster der meisten Menschen entscheidend prägen, leugnen eine solche lebendige Licht-Natur. Es existiert sogar die Anschauung, daß jeder, der diese Auffassung vertritt, neurotisch sei, unter einer Art Christuskomplex leide. Und doch sind wir in unserer Zeit Zeuge des Entstehens einer vollkommen neuen Sicht von Realität, in der die Licht-Natur des Menschen, seine Meisterschaft als ein Wesen des Lichts, anerkannt wird. Jeder Mensch hat die Chance, dieser Wahrheit zu Ausdruck zu verhelfen.

Die vergangenen sechstausend Jahre waren von dem Drang des Menschen gekennzeichnet, seine Umwelt zu *dominieren.* Erfolg im Leben wurde daran gemessen, ob und wieviel Reichtümer und Macht jemand anhäufen konnte. Das neue Zeitalter nun könnte von dem Wunsch gekennzeichnet sein, mit der Umwelt harmonisch zu *kooperieren.* Und Lebenserfolg wäre gleichbedeutend mit dem erreichten Grad der harmonischen Wechselbeziehung zwischen allen Bereichen der Schöpfung.

Was haben die Augen mit alldem zu tun?

Augen spiegeln in vollkommener Weise Beziehungsmuster. Natürlich ist die wichtigste Beziehung in Ihrem Leben die zu Ihrem eigenen Selbst. Was die Beziehungen zu den Mitmenschen angeht, so bewirken wahre Liebe und Akzeptanz, daß sie sich spiralförmig in immer subtilere Seinsbereiche hineinentwickeln. Durch ein vertieftes, spiritualisiertes Verstehen dessen, was Ihre Augen (oder die der anderen) Ihnen mitteilen, ist es möglich, Einsichten darüber zu erlangen, wie das Universum unter Verwendung des genealogischen Materials beider Elternteile Mental-, Emotional- und physischen Körper schuf. Das linke Auge gibt Aufschluß über die mütterliche Genealogie, das rechte über die des Vaters. Aus den verschlüsselten Informationen der Iris ist auch die Natur Ihrer, bewußten oder unbewußten, Beziehungen zum männlichen oder weiblichen Geschlecht zu erkennen.

Weiterhin geben die Iriden Aufschluß darüber, welcher neurologische Ast des menschlichen Lebensbaums in dieser Inkarnation vorrangig verkörpert wird. Auf dem Weg zu einer vorurteilsfreien Sicht seiner selbst kommt derjenige einen großen Schritt voran, der erkennt, mit welchem Vehikel er vom Universum bei der Zeugung primär »verkabelt« wurde: mit dem Mentalkörper, dem Emotionalkörper oder dem physischen Körper. Die Körper dieser Dreiheit (das Universum scheint Trinitäten zu lieben) wollen wir metaphorisch Juwel, Blume und Strom nennen. Jedes Individuum der menschlichen Spezies ist vom Ursprung her entweder ein Juwel, eine Blume, ein Strom oder eine Verbindung von allen dreien.

Möchte man wissen, ob jemand die Wahrheit spricht, oder ob er das, was er sagt, auch wirklich meint, muß man diesem Menschen in die Augen sehen. Wird der Augenkontakt vermieden, gibt es allen Grund zu der Annahme, daß eine Diskrepanz besteht zwischen der verbalen Information und dem, was die subtile Energie, die vom Auge emittiert wird, vermittelt. Ein einziger Blick steckt voller Informationen, wenn man ausreichend gegenwärtig ist, um sie zu empfangen. Diese Art von energetischem Datentransfer vollzieht sich mit Lichtgeschwindigkeit und beeinflußt jeden Energieaustausch, auch den subtilsten, zwischen den Menschen. Deshalb gibt es in Wirklichkeit auch keine Geheimnisse zwischen zwei Personen. In jeder Beziehung werden beispielsweise auf telepathischer Ebene Informationen ausgetauscht, und dies abzustreiten, hieße, die Meisterschaft des Individuums als Licht-Wesen zu verleugnen. So ist es also auch unser Anliegen, Ihnen mit Hilfe dieses Buchs zu einer umfassenderen, tieferen Kommunikation zu verhelfen.

Wenn Sie sich genau und vorurteilsfrei in Ihre eigenen Augen oder in die Ihrer Freunde oder Klienten sehen, offenbart sich Ihnen ein Schatz fundamentalen Wissens. Je mehr Sie bereit sind, einem Menschen in die Augen zu schauen, ohne ihn dadurch in irgendeiner Form dominieren zu wollen, desto besser werden Sie Zugang zur inneren Welt dieses Menschen finden.

Eine Verständigung auf dieser Ebene der Intimität hat eine heilende Wirkung auf alle Beteiligten. Wer einem anderen Menschen in die Augen schaut, indem er die Präsenz seines innersten Wesens vorbehaltlos anerkennt, wird ein Klima des Vertrauens und der Heilung initiieren. Der wahre Heiler »ortet« keine Symptome, noch listet er auf, was bei irgend jemandem nicht in Ordnung ist. Dagegen bietet sich hier eine profunde Möglichkeit zu wahrer Kommunikation, zur Reflexion der ursprünglichen Absichten der Seele, die, unbewußt, zum gegenwärtigen Zeitpunkt dabei ist, sich in Mentalkörper, Emotionalkörper und physischem Körper zu manifestieren. Die Synchronizität der drei irdischen Körper mit ihrem sie führenden Licht, der Seele, ist immer gegenwärtig.

Augen sprechen

Alle Iriszeichen tragen die Handschrift des Größeren Selbst, welches unablässig darum bemüht ist, diesem dreidimensionalen Raum-Zeit-Konstrukt, das wir Erde nennen, seine einzigartigen Gaben zuteil werden zu lassen. Das Wissen um die Bedeutung der topographischen Merkmale der Iris ist mit einer großen Verantwortung verbunden und stellt den, der darum weiß, vor eine elementare Wahl: Ist man bereit, die dem Menschen innewohnende Weisheit anzuerkennen, unabhängig davon, was er oder sie gerade erschafft? Oder überantwortet man ihn dem vorgefaßten Urteil, nach dem alle Anomalien in der Irisstruktur etwas Schlechtes bedeuten, und Krankheitszeichen lediglich die »Sünden« seines körperlichen Seins bestätigen?

Es ist unsere Absicht, im weiteren jene Geschenke des Größeren Selbst, die Irismerkmale, zu skizzieren wie die Perfektion der »Blumen« (runde offene oder geschlossene Vertiefungen in der fibrösen Struktur der Iris, herkömmlich auch »Lakunen« genannt); die deutlich sichtbaren »Juwelen« (Psora-Merkmale oder Pigmentierungen).

In unseren Tagen vollzieht sich ein Paradigmenwechsel in Richtung ganzheitlichen Heilens. Er ist der praktische Ausdruck eines Verständnisses von Krankheit als Bestreben der Seele, das Gleichgewicht zwischen mentalem, emotionalem und physischem Körper wiederherzustellen. Aus dieser Perspektive kommt es »aus der Mode«, Krankheiten einfach nur mit Etiketten zu versehen – Krebs, Schizophrenie usw. Das veränderte Gewahrsein von körperlichen und seelischen Störungen impliziert das Bedürfnis, die Absicht des Individuums zu erschaffen (Krankheiten) und durch den Gebrauch des eigenen Schöpfertums etwas über sich selbst zu erfahren. Der nächste Schritt in der menschlichen Evolution wird eine Anhebung des Bewußtseins sein, auf eine Stufe, die es dem Individuum erlaubt, disharmonische Energien in seinem Mental- und Emotionalkörper zu heilen, bevor sie sich auf den physischen Körper auswirken, sich als Krankheit manifestieren. Das Prinzip ist einfach: Heile den Geist und die Gefühle, und es wird vor Gesundheit strotzende Menschen und wundersame Heilungen geben.

Wenn die Menschen dazu geführt werden zu lernen, warum sie sich lebensbedrohliche Umstände selbst geschaffen haben, eröffnet sich ihnen die Chance, sich zu einer spontanen Loslösung von dieser ihrer eigenen Schöpfung zu entscheiden oder mit ihrer Hilfe das selbstgewählte Ziel zu erreichen. Von wesentlicher Bedeutung ist es, die innere Meisterschaft eines jeden Menschen, der sich mit der Bitte um Hilfe an einen anderen Wissenden wendet, anzuerkennen. Das zu mißachten, hieße, die eigene innere Weisheit in Frage zu stellen. Lange genug hat das Überlegenheits-/Unterlegenheitsprinzip auch das Arzt-Patienten-Verhältnis bestimmt. Doch jede Situation trägt ganzheitlichen Charakter, gleichgültig, welche gegenteilige Information die Sinneseindrücke zunächst vermitteln.

Das vorliegende Buch sollte nicht als statischer Katalog der an der Iris beobachtbaren »Krankheitssymptome« und ihrer metaphysischen Bedeutung mißverstanden werden. In erster Linie geht es darum, mit Hilfe der Informationen, die uns über die Iris erreichen, zu einem tieferen Selbst-Verständnis zu kommen. Die Iris wie ein Mandala oder Medizinrad zu lesen und zu fühlen, wirft Licht auf den Weg und seine Markierungen, die Mental-, Emotional- und physischer Körper auf ihrer Reise durch diese Realität passieren. So gesehen sind die Augen, die Iriden, in der Tat Fenster zur Seele, ohne jedoch mit der Seele, oder der Essenz, identisch zu sein. Die Licht-Energie, die durch die Augen hindurchfließt, ermöglicht Ein-Sichten in das Maß an Koordination zwischen der Seele und ihren irdischen Körpern. Augen sind überaus sensible Nervenknoten, die mit allen Nervensystemen im Körper in Verbindung stehen. Ihr elektromagnetisches Lichtfeld liegt außerhalb des Körpers. Augen »sehen« nicht wirklich, sie reagieren auf visuelle Reize, die vom Gehirn entsprechend seiner Programmierungen – beispielsweise eine bestehende Realitätssicht – interpretiert werden. Glücklicherweise haben sich die Menschen mit einer Art »Überschreibungsprogramm« ausgerüstet, welches es den Metaprogrammen der Seele erleichtert, die irdischen Programme so auszurichten, daß sie letztlich ihre wahre Bestimmung erfüllen, das heißt, dem Zweck dienen, zu dem sich die Seele inkarniert hat. Obwohl die Iriden also genaueste Informationen bezüglich der Programmierung von mentalem, emotionalem und physischem Körper enthüllen, dürfen wir niemals vergessen, daß ein Programm selbst nicht absolut zu setzen ist.

Je offener Sie für den Licht-Empfang sind, und das schließt ganz ausdrücklich den Licht-Transfer der Augen Ihres Gegenübers mit ein, desto mehr Licht werden Sie selbst ausstrahlen. Jeder Mensch ist Licht-Empfänger und -Sender in einem. Wenn diese Transmission ohne Zensur und vorgefaßte Interpretationen seitens des Politischen Selbst erfolgt, wird die Kommunikation authentischer. Entscheidet sich der Mensch dazu, sämtliche Kommunikationskanäle zu öffnen, mit denen die Spezies Mensch vom Universum ausgerüstet wurde, dann wird er mit jedem Aspekt der Schöpfung in Austausch treten können.

Das Politische Selbst

Paradoxerweise ist der Mensch für seine selbstgeschaffene Vollkommenheit blind und daher ständig bestrebt, etwas zu vervollkommnen, was bereits vollkommen ist. Die Auffassung, unvollkommen zu sein, kann dem weniger bewußten Ego zugerechnet werden, das unter Spannungen und Streß zu Erfolg kommt, so geradezu aufblüht. Diese Haltung bildet den fruchtbaren Boden für das Politische Selbst oder das Ego, wie es gemeinhin auch genannt wird. Die Aufrechterhaltung von Streß und Spannungen in Mental-, Emotional- und physischem Körper ist für das Ego eine Überlebensfrage. Streß und Spannungen sind gewissermaßen der Kitt, der es zusammenhält. Je größer die Kontrolle des Politischen Selbst im Leben eines Menschen, desto unberechenbarer und unentrinnbarer erscheint ihm dieses. Ist ein Ego besonders unverständig und borniert, steuert es sich selbst, ohne es zu wollen, unweigerlich auf einen Kollaps zu. Der Zusammenbruch ist eigentlich ein Entwicklungsstadium, in dem das Ego erkennt, daß es das Leben nicht kontrollieren kann. Indem es auf diese Kontrolle verzichtet, erkennt das Politische Selbst, als ein notwendiger Mechanismus des sich offenbarenden göttlichen Plans, die Führung des Geistes in allen Entscheidungen an, unabhängig davon, was diese vordergründig zu implizieren scheinen.

Befindet sich das Verständnis eines Menschen von seinem gegenwärtig inkarnierten Selbst nicht in Übereinstimmung mit seinem Ewigkeitsaspekt, erfährt dieser Mensch tiefe Verwirrung. Abgeschnitten von seiner ewigen Wahrheit, steht er vor der Frage, an wen er sich wenden soll: an sein Göttliches Selbst oder an sein Politisches Selbst?

Letzteres ist der Teil der Persönlichkeit, der darauf programmiert ist, das Leben als Kampf zu betrachten, Strategien entwickeln zu müssen und Menschen und Situationen zu manipulieren, um einer Existenz in Angst und Schrecken entgehen zu können. So manches Ego ist ganz und gar unempfänglich für den Gedanken oder die Vorstellung, daß das von ihm kontrollierte Vehikel über das Potential verfügt, sich direkt mit der Quelle, mit dem Licht, zu verbinden. Es glaubt, daß alles in seiner Welt nur im Überlebenskampf zu erreichen ist. Es ist in der Lage, seine eigene Essenz, die Quelle seiner größten Gaben, zu verleugnen. Es hat die Kraft, den Geist und das eigene innewohnende kreative Potential zu verleugnen, und seine Handlungen vollständig dem Diktat des politischen Vorteilsdenkens zu unterwerfen.

Befindet sich das Politische Selbst aber in Übereinstimmung mit den Absichten des Geistes, wird es sich als mächtiger Verbündeter erweisen. Doch die meisten Menschen auf diesem Planeten und in dieser Zeit wären überwältigt von der Fülle ihres eigenen Potentials, Leben und ihre eigene Unbegrenztheit zu erfahren, würde ihnen dieses jetzt unvermittelt zuteil. Das Politische Selbst der meisten Menschen hält die Evolution des Bewußtseins für eine äußerst gefährliche Angelegenheit und ist vorrangig an der Aufrechterhaltung des Status quo interessiert. Folglich leben viele ihr Leben in Konformität mit dem Massenbewußtsein, den Konsensus-Projektionen der Realität, ihre spürbaren Begrenzungen gleichzeitig verdammend und hätschelnd. So irrt das Ego durch die Spiegelsäle seines gespaltenen Innern, wo es auf Schritt und Tritt angsteinflößenden Projektionen begegnet. Manchmal gerät es unter solch großen Druck, daß es den Kampf aufgibt und entweder ein »Gipfelerlebnis« oder eine Depression erfährt, die sein Leben für immer verändert.

Die Spirituelle Irisanalyse ist eines von vielen nützlichen Hilfsmitteln, die einem Menschen dabei helfen können, sich mit seinem innersten Wesen zu verbinden und das Leben als ein ununterbrochenes »Gipfelerlebnis« zu erfahren.

Die Spirituelle Irisanalyse

Menschen, die an der Evolution des Bewußtseins interessiert sind, werden hinsichtlich des Wissens um ihr Selbst und die eigene Kraft einen großen Nutzen aus der Spirituellen Irisanalyse ziehen. Wenn immer mehr Menschen beginnen, ihre Kräfte nicht weiter auf Realitätssichten zu vergeuden, die sie nicht in ihrem Geist, in ihrer Meisterschaft bestätigen, eröffnet sich ihnen die Möglichkeit der unbegrenzten Erforschung des wahren eigenen Wesens. Die Spirituelle Irisanalyse ist ein sehr wirkungsvolles Werkzeug für jene, die sich dem Diktat ihres Politischen Selbst unterworfen und den Kontakt zu ihrem innersten Wesenskern verloren haben, oder für die, die daran erinnert werden wollen. Menschen, die mit der Essenz ihres Seins in Berührung sind, brauchen solche Hilfsmittel nicht. Sie suchen von selbst die Nähe des Lichts. Sich selbst bedingungslos zu lieben und das eigene innewohnende Licht zu bejahen, ist die beste Versicherung dafür, daß man sich nicht im Labyrinth der Konditionierungen und Projektionen der verschiedenen Realitätssichten verirrt, die nicht nur die Kommunikation untereinander, sondern auch die Verständigung mit dem eigenen Wesenskern erschweren. Es gibt wohl kaum ein ästhetischeres, unparteiischeres Informationsmedium als Ihre eigene Iris. Sie bringt Sie auf einzigartige Weise in Berührung mit der Natur, Ihres Erbes und mit der Natur der Fähigkeiten und Herausforderungen, die unser Größeres Selbst für uns alle kreiert hat.

In der Iris finden sich sogenannte Krankheitszeichen, die Aufschluß über Art und Stadium einer Erkrankung geben. Dieselben Zeichen gewähren aber auch einen tiefen Einblick in den Wesenskern eines

Menschen mit all seinen Anlagen und Fähigkeiten. Die Spirituelle Irisanalyse ist ein Katalysator, der Menschen die Möglichkeit eröffnet, ihr Leben selbst zu erschaffen, anstatt lediglich darauf zu reagieren, die von den Eltern vorgegebenen Szenarien immer wieder neu zu beleben oder sich den Rest ihres Lebens darauf zu fixieren, möglichst vollkommen werden zu wollen. Die Transzendierung von genealogisch-soziophysiologischen Programmierungen ist das Wesentliche an dem eingangs als *Aufstieg* charakterisierten Prozeß, der es der Menschheit erlauben wird, ihr »Larvenstadium« des Seins zu verlassen. Chris Griscom drückt dies sehr zutreffend aus: »Die Ekstase ist eine neue Frequenz. Ekstase bedeutet, in Übereinstimmung mit der Seele im Körper zu leben.« Diese Spiritualisierung der Welt beginnt mit dem Erwachen, mit der Anhebung des Bewußtseins eines jeden Individuums.

Mit der Spirituellen Irisanalyse ist die Vision verbunden, Menschen, die dem Gefängnis ihres genealogisch-soziologischen Programms entfliehen wollen, eine »Tür« zu schaffen, die ihnen erlaubt, ihrer eigenen Meisterschaft zu begegnen – so dies der Kern ihrer Suche ist. Die Spirituelle Irisanalyse ist eine Bestätigung der Meisterschaft eines jeden Menschen, auch wenn er augenblicklich im »Tal des Todes« wandelt als Folge der Ablehnung seiner wahren Licht-Natur. Oft vollzieht sich die wundersame Alchimie der *Seelenverschmelzung* unter schwierigen und schwierigsten Umständen. Es gibt aber kein universales Gesetz, welches besagt, daß man leiden müsse, um zu wachsen und zu reifen.

Die Iriden als grundlegende Blaupause sind mit verschiedenen symbolischen Strukturen verbunden, die wir Juwelen, Blumen und Ströme nennen. Diese Strukturen geben Aufschluß über die Programmierung oder Prägung der Gehirne; sie lassen sich mit Hinweisschildern vergleichen, die von der Seele dort plaziert wurden, um der Persönlichkeit auf ihrer Reise durch diese Welt die Richtung zu weisen. Im Gegensatz zu populären und wissenschaftlichen Ansichten über die Wirklichkeit, betont die Spirituelle Irisanalyse, daß es keine objektive Realität gibt, die mit ihr nicht konform gehende subjektive Realität als geistlos aburteilen könne. Damit steht sie im Gegensatz zur populären wissenschaftlichen Methodologie, nach der jede Form von Bewußtsein in den standardisierten objektiven Bezugsrahmen von Erfahrungen passen müsse, der für dieses eine Phänomen namens Leben abgesteckt wurde. Eine jede solcher »Oberaufsichten« über das, was als real und was als irreal zu gelten habe, führt zu katastrophalen Resultaten, weil der Mensch auf diese Weise schon früh lernt, seine subjektiven Lebenserfahrungen zurückzuweisen. Dieses Buch soll der Bekräftigung dessen dienen, daß *bewußte* Teilhabe am Leben sowohl eine subjektive als auch – paradoxerweise – eine objektive Erfahrung ist.

Bilder der Wirklichkeit

Die Redewendung »Ohne Fleiß kein Preis« ist ein Beispiel für populäre Realitätsbilder, welche die Faszination des Massenbewußtseins widerspiegeln, mit ihrer Vielzahl von Beschränkungen – von der Liebe und dem Geld, bis zum Bewußtsein und zur Macht. Aber es heißt auch, daß »das Universum sich neu ordnet, um sich unseren Vorstellungen von der Wirklichkeit anzupassen«. Zu welcher Sicht von Realität man auch immer sich entscheidet, es ist buchstäblich das, was man dann auch selbst an Realität erschafft. In diesem Buch begegnen Sie einem Realitätsbild, in dem der Mensch als Meister des Lichts, als, bewußter oder unbewußter, Mitschöpfer des Himmels auf Erden gesehen wird.

Viele geben vor, nichts weiter als menschliche Wesen in einem physischen Körper in einer dualistischen Welt des Gut und Böse zu sein. Sie glauben, über einen physischen Körper zu verfügen, der möglicherweise eine Seele haben *könnte*. Aber das Schicksal dieses Planeten und seiner Bewohner ist es, zu erwachen, vollkommen erleuchtete Licht-Wesen zu werden, sich zu erheben und am Ursprung, an der Quelle, teilzuhaben. Wenn das für Ihre Ohren wie ein Märchen klingt, zu schön, um wahr zu sein, dann ist es jetzt für Sie an der Zeit, Ihre Vorstellungen von der Realität einmal genauer zu betrachten. Möglicherweise stellen Sie fest, daß dies zu wenig wünschenswerten Erfahrungen führt.

Derzeit steht das offizielle wissenschaftliche Bild von der Wirklichkeit im Kreuzfeuer. Die politischen, religiösen, wirtschaftlichen und akademischen Institutionen, die an Erhalt und Beförderung ihrer selbst sehr viel mehr interessiert sind, als daran, den Geist, der sie zur Geburt brachte, zu erhalten, erleben ihren Niedergang. Die Dialektik der Furcht, jenes »um des Friedens, der Sicherheit oder der Wahrheit willen Töten«, das ihre Existenz ermöglicht und unterstützt, wird schon bald Geschichte sein.

Die streng dualistische Trennung in eine spirituelle und eine materielle Wirklichkeit wird sich im Bewußtsein der Individuen, die ihr Geburtsrecht als vollendete Licht-Wesen beanspruchen wollen, immer mehr verwischen. In der Folge wird es zu einer Polarisierung kommen. Diejenigen, die in Polaritäten dachten und denken, für die der Himmel irgendwo dort oben ist, die Erde hingegen hier, sind in außerordentlich schwerfälligen Überlebensbildern gefangen, und ihre Sicherheit beziehen sie aus der Unsicherheit ihrer Mitmenschen. Aber das planetare Denken, oder die Konsensus-Realität, wandelt sich mit wachsender Intensität in Richtung einer Aufhebung dieses Gefühls der Trennung. Noch fühlen sich viele Menschen zum Töten veranlaßt, um das Gefühl der Trennung zu überwinden, und ebenso viele Menschen sind bereit, dafür zu sterben. Nur wenige sind willens, tiefer in sich selbst hineinzuschauen, durch Evokation und Gebet höhere Bewußtseinsstadien zu erzeugen und so das Gefühl des Einsseins mit der Essenz des Lebens zu erfahren.

Grundsätzlich kann das Bewußtsein mit Gegensätzen und Vergleichen (bilaterales Bewußtsein) oder mit Identifikation und Vereinigung, mit welchem auch immer fokussiertem Objekt, arbeiten. Das bilaterale Bewußtsein funktioniert gleichsam mechanisch, basierend auf bioelektrischen organischen Gedächtnisspuren im Gehirn. Das Bewußtsein, das sich willentlich und furchtlos mit jedem beliebigen Objekt identifiziert, mit dem es sich zu vereinigen wünscht, ist das Bewußtsein eines Genies. George Washington Carver ist ein Beispiel für diese Bewußtseinsebene. Es gelang ihm, aus verschiedensten Pflanzenarten Erdnüsse zu züchten. Auf die Frage, wie ihm das gelungen sei, gab er die schlichte Antwort: »Die Pflanzen haben mir gesagt, wie das zu machen ist.« Hier haben wir eine Bewußtseinsqualität, die langsam in den sozialen Körper der Menschheit hineinsickert. Und auch Gedankenformen, wie Sie sie in diesem Buch finden, sind ein Ausdruck dieses Prozesses.

Die heilende Kraft der Ein-Sicht

Die Hopis im Südwesten der Vereinigten Staaten haben eine uralte Heiltradition, deren Sichtweise auch uns beeinflußt hat. In dieser Heiltradition spielen die Vision und die Erfahrung archetypischer Schönheit auf der »Lebensstraße« eine große Rolle. Es sind zwei der Hauptthemen ihrer Kosmologie und Volkskunst. Erkrankt ein Stammesmitglied an Geist, Körper oder Seele, ist es nach diesem System aus seiner ursprünglichen Schönheit »gefallen«, und der Medizinmann oder die Medizinfrau *singt* den Kranken zurück in den Zustand der Schönheit. »Geh in Schönheit« lautet der Segensspruch, mit dem sie einander grüßen.

Die Informationen, die in den Augen gespeichert sind, enthüllen die Schönheit, den Wesenskern, die Essenz, eines jeden beseelten Wesens.

Durch das kreative Genie von Denny Johnson entstand das Rayid-Iris-Modell. Es erfaßt die mentale und emotionale Dynamik eines Menschen, welche ihn dazu prädestiniert, »aus der Schönheit zu fallen« und krank zu werden, während die herkömmlichen Iris-Modelle lediglich organische Prädispositionen und manifeste Störungen veranschaulichen. Die Symbolsprache der Iris ist wie jene Münze mit ihren »zwei Seiten«. Einerseits erlaubt sie genaue Einblicke in Topographie und Gesundheitszustand des physischen Körpers. Aber dieselben Informationen – und dies ist die Grundlage der Rayid-Iris-Interpretation – gestatten auch tiefe Einblicke in die Problempunkte und Absichten des Unterbewußten, das ständig um Ausgleich, um Homöostase, bemüht ist. Diese Absichten des Unbewußten sind als Ein-Drücke in den Iriden vorhanden. Eine Verbindung von herkömmlicher Iridoskopie und Spiritueller Irisanalyse wäre also von unschätzbarem Wert.

Man kann niemanden einfach nur »fixieren« und dabei von Heilung sprechen. Um wirklich würdigen zu können, welch erstaunliche Menge an Informationen die Iriden offenbaren, muß man zunächst einmal begreifen, daß alle physiologischen Konstrukte dieser Welt vom Geist orchestriert werden, auch die sichtbaren Strukturen der Augen. Es ist die Überzeugung der Autoren, daß alle Iriszeichen letztendlich die Handschrift des Größeren Selbst tragen, das stets danach trachtet, uns seine einzigartigen Gaben in diesem dreidimensionalen Raum-Zeit-Konstrukt zugänglich zu machen. Angesichts der Fülle des Seins ist es zudem unmöglich, jemanden in eine Schablone oder ein Diagnosemodell zu pressen. Jedes Modell oder System ist letztlich auch nur ein Bild, ein Versuch, zu definieren, was der Mensch ist oder sein könnte, aber eben nur ein Versuch. Menschen sind unbegrenzte Licht-Wesen, die nur zeitweise in Energiefeldern von durch Gravitation eingefangenem Licht residieren.

Wer Kenntnisse der Iristopographie besitzt, hat die Wahl und zugleich eine große Verantwortung. Die Wahl besteht darin, alle Iriszeichen entweder als physische Störungen, als Mißstände, zu betrachten, oder sie als die Symbolsprache des Unbewußten desjenigen zu verstehen, der als Klient zu Ihnen kommt, um sich über seine Körperthemen, aber auch über die Gaben, die sich in seinem Energiefeld zeigen, aufklären zu lassen. Werden diese »goldenen Gaben« nicht konstruktiv genutzt, besteht die Wahrscheinlichkeit, daß sie zu »gären« beginnen und sich als Krankheit manifestieren. Die Aufgabe eines spirituellen Heilers ist es, als »Hebamme« zu wirken, als Katalysator, der seine Klienten darin unterstützt, sich von ihrer Begrenztheit zu befreien und ihrer vollkommenen Licht-Meisterschaft Ausdruck zu verleihen. Jeder hat Anteil an der Quelle, die Frieden, Liebe, Freude und Überfluß im Leben all jener manifestiert, die bereit sind, sich der nötigen Vorbereitung ihres mentalen, emotionalen und physischen Körpers zu unterziehen, um aus dem Dornröschenschlaf zu erwachen und das Potential ihrer Licht-Natur zu aktivieren.

Wird die innere Ursache einer Störung beseitigt, paßt sich die äußere Realität von selbst ihrem neuen, subtileren inneren »Prototyp« an, von dem sie ihre »Schlüssel« bezieht. Persönliche Erfahrung überzeugt.

Menschen, die bereit sind, *alle* Urteile loszulassen, erfahren eine wunderbare, tiefe Heilung ihres mentalen, emotionalen und physischen Körpers. Die Spirituelle Irisanalyse sagt nichts darüber aus, was dem Körper fehlt, sondern sie will jedem, der das wünscht, aufzeigen, daß er in seinem Innern vollkommen ist und immer vollkommen war.

Kapitel zwei

Von Juwelen, Blumen, Strömen und Mischtypen

Die Kernstrukturen

Vor einer Inkarnation bestimmt unser Größeres Selbst die Natur der Software, des Biocomputers, den es erschaffen will, um damit für eine gewisse Zeit und zu einem bestimmten Zweck den dreidimensionalen Raum zu erfahren. Als Kinder des Lebendigen Universums, des Unendlichen Geistes auf Unendlichem Weg, kommt jeder von uns in diese Welt, um das Wechelspiel zwischen Begrenztheit und Unbegrenztheit in uns und scheinbar außerhalb von uns zu erforschen. Die Erforschung dieser Zusammenhänge kann entsprechend der universalen Dreiheit mental erfolgen (Kernstruktur: Juwelen-Typ), emotional (Kernstruktur: Blumen-Typ) und kinästhetisch (Kernstruktur: Strom-Typ). Im Idealfall werden alle drei Vehikel in ausgewogener Weise eingesetzt.

Der menschliche Körper ist mit drei Nervensystemen ausgestattet: dem parasympathischen, dem sympathischen und dem zentralen Nervensystem. Ihre unterschiedlichen Stärken und Schwächen, die Art ihres Zusammenspiels und ihre Reaktionen zeigen an, ob und welches System der Aufmerksamkeit bedarf. Menschliches Verhalten kann als ein Ausdruck der Psyche verstanden werden, die das Expansions- und Kontraktionsprinzip in ihrem physischen, mentalen und emotionalen Körper erforscht. Im folgenden werden wir die Beziehung zwischen den drei Nervensystemen und den Typen oder Modi der Erforschung des planetaren Reichs genauer betrachten.

Der mentale oder Juwelen-Typ korrespondiert vorwiegend mit dem kontrahierenden, parasympathischen Nervensystem; der emotionale oder Blumen-Typ mit dem expandierenden, sympathischen Nervensystem; der kinästhetische oder Strom-Typ mit dem beherrschenden Einfluß des zentralen Nervensystems. Der Mischtyp zeigt alle drei Aspekte.

Darüber hinaus wirkt diese dreigeteilte Grundstruktur auch innerhalb dreier Energiefließmuster, die ebenfalls mit den physiologischen Nervensystemen in Verbindung stehen und auf den mentalen, emotionalen und physischen Körper Einfluß haben. Diese Fließmuster sind bilateral, in Korrelation zur linken und rechten Hemisphäre des Gehirns. Es sind sowohl nach innen und nach außen strömende als auch aufsteigende und absteigende Energien. Gegenstand dieses Buches ist es, die Informationen in der Iris auf dieses Dreierprinzip zu beziehen, um zu verdeutlichen, daß der Geist immer um Einheit bemüht ist, selbst unter bedrohlichen Umständen. Die folgende Abbildung der sich gegenseitig durchdringenden Energieströme soll dies illustrieren.

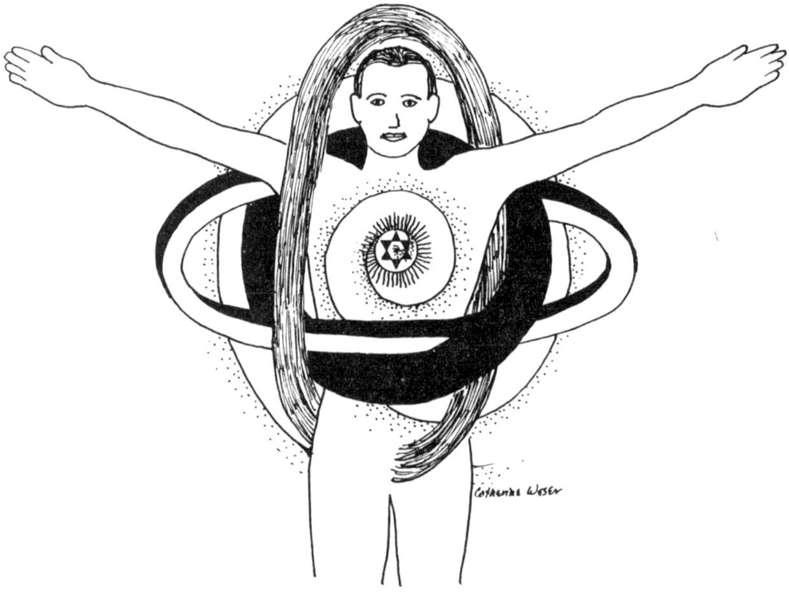

Die primären Strukturen, derer sich die inkarnierte Seele bedient, sind die Vehikel Mentalkörper, Emotionalkörper und physischer Körper. Wenn wir in die Augen unserer Freunde oder Klienten schauen, werden wir erfahren, auf welche Weise sie am Leben teilhaben. Ist ihre Primärstruktur oder ihr Primärmuster mentaler, emotionaler oder physischer Natur? Lernen Sie primär visuell, akustisch oder kinästhetisch? Die Feststellung der primären oder Kernstruktur ist somit der erste Schritt zum Verständnis der Gaben und Herausforderungen, die in den Iriden zu erkennen sind.

Das, was wir *Seelenverschmelzung* nennen, wird durch die Homöostase, das Gleichgewicht von Emotional-, Mental- und physischem Körper, ermöglicht. Die *Seelenverschmelzung* ist der Beginn eines Quantensprungs im universalen Evolutionsprozeß, der die Darwinsche Evolutionstheorie nur noch als reinen Anachronismus erscheinen läßt. Sobald die drei Körper eine wirkliche Trinität eingegangen sind, graduiert die inkarnierte Seele. Sie nimmt den physischen Körper *vollständig* in Besitz, und ist simultan dazu in der Lage, sich bewußt in höhere, weniger restriktiv dimensionierte Realitäten hineinzuentfalten, die sie selbst erschafft.

Das Wunderbare der Spirituellen Irisanalyse liegt darin, daß sie Menschen befähigt, aus dem, was ihre Augen mitteilen, zu erfahren, wo sie in ihrer Evolution stehen, und wie sie bewußt den Zustand der *Seelenverschmelzung* erreichen können. Wenn wir uns dafür entscheiden, uns selbst bewußt auszubalancieren, beginnen wir, uns aus den Überlebenskampf-Paradigmen des Massenbewußtseins herauszulösen. Es ist die Absicht der Spirituellen Irisanalyse, den Prozeß des *Aufstiegs* der irdischen Dreiheit der Körper in Richtung *Seelenverschmelzung*, des nächsten Schritts in der Evolution, zu beschleunigen.

Der Juwelen-Typ

»Juwelen-Typ« ist eine metaphorische Bezeichnung für Menschen, deren Iriden Pigmentpunkte, -sprenkel oder -flecken aufweisen. Man nennt sie auch Psora- oder Sucht-/Entzündungsmerkmale. Das Vorhandensein eines oder mehrerer Juwelen in den Iriden läßt auf einen Menschen mit dem weiter unten beschriebenen Persönlichkeitsprofil schließen. Je mehr Juwelen vorhanden sind, desto ausgeprägter kann dieses Profil sein.

Der Juwelen-Typ ist ein analytischer Denker, dessen Körpersprache und Gestus sparsam, pointiert und kontrolliert sind. Er ist beherrscht, neigt nicht zu Ausbrüchen und weist ein sehr verdichtetes Energiefeld auf. Hauptsächlich lernt er visuell, das heißt, er reagiert besonders stark auf visuelle Reize, und teilt sich der Welt aber auf verbalem Wege mit, und hier hauptsächlich in der Ich-Form. Die meisten seiner Sätze beginnen mit dem Wort »Ich«. Diese Menschen sind hier, um im Mittelpunkt des sie umgebenden Lebens zu stehen. Für gewöhnlich ist dieser Typ zukunftsorientiert und von einer gewissen Gradlinigkeit. Je zahlreicher die Juwelen in seinen Iriden, desto stärker neigt er dazu, seine Auffassung von Realität anderen überzustülpen. Er nimmt die Wirklichkeit, ja selbst seine Gefühle, primär über seinen Mentalkörper wahr. In seiner analytischen Suche nach der Wahrheit geht er überaus systematisch vor, nähert sich ihr Detail für Detail.

Juwelen-Menschen haben die wunderbare Fähigkeit, eine Gedankenform auf ihrem »mentalen Bildschirm« zu halten und so in die Infrastruktur einer Idee einzudringen. Sie wollen herausfinden, ob eine Sache Integrität besitzt oder nicht, wo ihre Grenzen liegen und wie sie möglichst genau definiert und manifestiert werden kann. Es gibt unter den Juwelen solche, die der modernen Menscheit das Phänomen demonstrieren, alles, was sie visualisieren, auch zu materialisieren. Dieses Niveau des verfeinerten Gebrauchs mentaler Energie war in der Vergangenheit hauptsächlich einigen wenigen Begnadeten vorbehalten, die den erstaunten Massen immer wieder sagten: »Alle diese Dinge werdet auch ihr tun – und noch viel Größeres.«

Wenn der Juwelen-Typ seinem innersten Wesen treu bleibt, werden die Details, denen er mit Akribie nachgeht, ihn schließlich zur Erfahrung und zum Verständnis von Unendlichkeit führen, zu dem Bewußtsein, das alle Tatsachen und alle Facetten unseres Lebens durchdringt. Der erwachte Juwelen-Typ ist der Führer unter den Führenden. Seine Führungsqualitäten und sein Auge fürs Detail gehören zu seinen herausragendsten Fähigkeiten. Obwohl er sich Veränderungen gegenüber nur langsam öffnet, kann er sogar zum Vorkämpfer einer neuen Idee werden, hat er alle ihre möglichen Varianten erst einmal geprüft und für gut befunden.

Für den Juwelen-Typ ist es von vitaler Bedeutung, sich ein Klima zu schaffen, in dem er lernen kann, mehr Gefühl zu sein und mehr Gefühl in seinen Lebens-Fokus einfließen zu lassen. Wenn er darüber hinaus lernt, auch anderen zu vertrauen und Verantwortung abzugeben – was ihm anfangs schwerfällt –, wird er sich wie eine Muschel öffnen. Es ist für ihn entscheidend, seine Herzensintelligenz mit anderen zu teilen. Auf mentale Analyse und eine große Klarheit fokussiert zu sein, ist zwar eine wichtige Gabe des Juwelen-Typs, die aber, wenn sie auf Kosten des physischen oder emotionalen Körpers überbetont wird, zur Achillesferse werden kann. Nikola Tesla, das vergessene Genie, dem wir den Sprung ins Zeitalter der Elektrizität verdanken, ist ein klassisches Beispiel für eine geniale, aber emotional unausgereifte Mentalität, die letztendlich aus Mangel an emotionaler Erfüllung in Schwermut umschlägt. Der Juwelen-Typ wird unbewußt von dem brennenden Wunsch getrieben, alle und alles in seiner Umgebung zu kontrollieren. So werden alle Vorkommnisse, die ihn unmittelbar betreffen könnten, definiert, registriert, geordnet und katalogisiert bis er schließlich einen Punkt erreicht, an dem er darauf verzichtet, den Fluß des Lebens kontrollieren zu wollen. Wenn er dennoch darauf beharrt, wird das Unterbewußtsein Situationen kreieren, die sich seiner Kontrolle endgültig entziehen. Es kann sein, daß das Politische Selbst, oder Ego, zu diesem Zeitpunkt bereit ist, seinen Wunsch, das Leben zu dominieren, aufgibt, daß es beginnt, mit der Essenz in Beziehung zu treten und zu entscheiden, ob es dem Größeren Selbst dienen will oder nicht. Andernfalls kann es in Frustration versinken und sich weigern zu begreifen, daß es seine eigene Realität selbst schafft. Unter diesen Umständen können Frustration und das Gefühl, »blockiert« zu sein, als Maßnahme des Unterbewußten betrachtet werden, den fehlrangierten Zug noch rechtzeitig aufzuhalten, indem es die Energiesysteme zunächst einmal auf »Sparflamme« schaltet.

Der nicht erwachte, in starren mentalen Konzepten gefangene Juwelen-Typ fühlt sich gewöhnlich von emotionalen Äußerungen abgestoßen, vor allem dann, wenn sie ihm irrational erscheinen. Alles auch nur scheinbar Irrationale ist ihm suspekt, denn es entzieht sich seiner Kontrolle. Nicht einmal die präzisesten analytischen und verbalen Fähigkeiten, in denen sich der Juwelen-Typ sonst oft selbst übertrifft, greifen in solch einem Fall. Trotz dieser Abneigung werden Sie feststellen, daß die Juwelen-Menschen sich zu betont emotionalen Persönlichkeiten hingezogen fühlen, ganz besonders in partnerschaftlichen Beziehungen. Häufig findet man eine Blume an der Seite eines Juwels. Lernt der Juwelen-Typ, sich bedingungslos selbst zu akzeptieren, in dem, was er ist, nicht in dem, was er leistet, dann wird er selbst das Tor zum Wandel öffnen, zu einem Leben, in dem die Psyche, das Einhorn, frei ist, sich in ihrer Weisheit und emotionalen Reichtum zu manifestieren.

Der erwachte Juwelen-Typ wird auch weiterhin versuchen, die Schleier der Mysterien mit seinem Verstand zu lüften – doch nicht mehr aus Bedürfnis nach Kontrolle seiner inneren und äußeren Welt und mit den Erwartungen seines analytischen Verstands. Er weiß nun ohne die Spur eines Zweifels, daß das Leben keine Kontrolle braucht. Die Ausrichtung seines persönlichen Wollens am Lebendigen Licht ist seine Garantie einer stetig wachsenden Klarheit und eines immer tieferen Verständnisses für den Sinn und die Zusammenhänge des Lebens.

Der erwachte Juwelen-Typ fühlt sich von dem gefühlsbetonten Blumen-Typ weder bedroht noch würdigt er selbst ihn in seinen visuellen und visionären Antworten auf das Leben herab oder begegnet ihm deswegen mit Gönnerhaftigkeit. Vielmehr begrüßt er die »Gefühlssonden« seiner Blumen-Freunde, die allmählich die kleinen Öffnungen in seinem mentalen Schutzwall zu weiten beginnen. Indem er lernt zu vertrauen, Emotionen gelten zu lassen und sie in sein eigenes soziales Leben zu integrieren, verliert er zunehmend seine zwanghaft verstandesbetonte Lebenseinstellung und wird zum Überbringer des Heiligen Grals. Wenn er dem Selbst gestattet, die Unbegrenztheit des Emotionalkörpers zu erfahren, öffnet er der *Seelenverschmelzung* die Tür und damit einer höherentwickelten Beziehung, die ihm helfen wird, die Grenzen des Verstands hinter sich zu lassen und seiner Seele zu begegnen. Bevor es diese Welt verlassen kann, müssen alle Aspekte des Selbst zu einem harmonischen Miteinander gebracht werden, zur endgültigen höchsten Gleichzeitigkeit, die die unendliche Natur des Seins mit der endlichen vereint. Sein bewußtes Wesen ist das des Höheren Geistes, und diese ekstatische Verbindung ist unser aller Schicksal.

Der Blumen-Typ

»Blume« ist die metaphorische Umschreibung für runde Vertiefungen im sogenannten Stroma, dem weichen, blutgefäßreichen Bindegewebe der Iris. Iridologen nennen diese Merkmale *Lakunen*. In ihrer Diagnostik werden diese Vertiefungen als Zeichen einer allgemeinen Konstitutionsschwäche verstanden, aber auch – und besonders – als Schwäche des Organs, in dessen Iris-Organfeld die Lakune auftritt. Man unterscheidet zwischen offenen und geschlossenen Blumen, wabenförmigen, kleinen und großen. Überwiegen in der Iris die Blumen, liegt das folgende Persönlichkeitsprofil vor.

Der Blumen-Typ liebt es, nach seinen Gefühlen zu leben, sich von ihnen tragen zu lassen. Er dehnt sein Aurafeld so weit wie möglich aus, um diese Welt möglichst umfassend zu erfahren. Seine Aura ist kugelförmig und je nach Anzahl und Beschaffenheit der Blumen mehr oder weniger ausgedehnt; je größer die Blumenstrukturen, desto ausgedehnter das Aurafeld. Im Gegensatz zur verdichteten, zusammengezogenen Aura des Juwelen-Typs, der die Welt betont verstandesmäßig begreift, erforscht der Blumen-Typ das Leben und seine Grenzbereiche auf emotionale Weise. Er kommuniziert visuell, lernt am besten durch Hören und liebt spontane, großzügige Gesten.

Blumen-Typen sprechen gern aus der Perspektive des anderen und gebrauchen daher auch mit Vorliebe das Wort »Du«.

Für den offenen, mitteilsamen Blumen-Typ ist es eine echte Herausforderung, seine innere Mitte, seinen Fokus, zu finden und darin zu verweilen, denn er ist völlig damit ausgelastet, sich in die Dramen des Lebens, besonders in dessen soziale Dramen, zu stürzen. Die Mitte, die Lebensachse, liegt für ihn häufig überall, nur nicht in ihm selbst. Er neigt dazu, seine Energiereserven völlig zu erschöpfen und fällt dann in tiefe Melancholie oder in Depressionen, an denen dann alles und jeder schuld sind, nur nicht er selbst. Sobald sich seine Batterie aber wieder aufgeladen hat, herrscht wieder eitel Sonnenschein. Blumen müssen lernen, ihren eigenen Fokus zu entwickeln und ihn auch zu halten, und zwar sowohl was ihr Innenleben angeht als auch ihre äußeren Lebensumstände. Dann wird ihre unglaubliche Fähigkeit, jeden in ihrer Umwelt zu eigener Vorstellungskraft zu stimulieren – ganz besonders die Juwelen –, um ein Vielfaches verstärkt werden.

Die Körpersprache der Blumen-Individuen ist rund und lebhaft. Sie sind offen für die Energie, die ihre Liebe zu Raum, zu Weite, noch vergrößert. So stimmen sie sich ein in die Symphonie des Lebens, in den Klang, der sie zu ihren innersten Schätzen, zu ihrer »kostbaren Perle« führt – dem holographischen Wissen, der tiefsten Weisheit, daß der Mittelpunkt des Universums überall ist. Anders der mentale Juwelen-Typ, der auf seiner Suche nach seinem holographischen Diamanten der Wahrheit, der das vom Unendlichen Geist ausgehende Licht enthält, jeden einzelnen Kieselstein am Berg des Lebens umdreht und analysiert.

Dem Blumen-Typ ist wenig daran gelegen, seine Ansichten durchzusetzen oder zu argumentieren, wie es die Juwelen tun; er ist an malerischen Panoramen interessiert; er will die Welt gern mit fröhlichen, animierenden Bildern erfüllen und jeden motivieren, der in seinen mentalen Strukturen, in allzu ergebenen Lebenskonzepten, erstarrt ist. Dabei ist der Blumen-Typ aber alles andere als gedankenlos. Seine Gedanken sind lediglich nicht linear ausgerichtet wie die des Juwelen-Typs, sondern streben in alle Richtungen auseinander und stecken voller Bilder und Symbole. Deswegen wählen Blumen-Typen auch Berufe, die Kreativität und Vorstellungskraft erfordern. Sie werden Ingenieure, Künstler, Musiker, Architekten und so weiter.

Der im Strom des Lebens fließende Blumen-Typ fühlt sich in partnerschaftlichen Beziehungen oft zu seinem Gegenpol, dem granitenen Juwelen-Typ, hingezogen. Da er Sinneseindrücke primär akustisch aufnimmt, fühlt er sich von eloquenten Menschen angezogen, nämlich dem Juwelen-Typ, der seinerseits das visuelle Spektakel liebt, das der Blumen-Typ veranstaltet. Im Idealfall beschleunigt eine solche Verbindung die Bewußtseinsevolution beider Partner, wenngleich auch jeder der beiden neurologisch unterschiedlich dominierten Typen eine vorgefaßte Meinung darüber hat, wie die Wirklichkeit aussieht und wie man sich ihr annähert.

In den westlichen Kulturen hat sich leider das Vorurteil durchgesetzt, daß ein emotionaler Mensch ein unkontrollierter Mensch ist. Ganz offensichtlich ist dies eine Beurteilung aus der Sicht des Mentalkörpers, aber der Emotionalkörper ist der Aspekt unseres Seins, der uns die Erfahrung unseres Größeren Selbst ermöglicht, nicht das bloße Nachdenken darüber. Das höchste Ziel aber ist natürlich die Vereinigung der Dreiheit von Mental-, Emotional- und physischem Körper, die so zum Heiligen Gral werden, zum Gefäß des Lichts.

Unser legitimer, wahrer Zustand ist der des ekstatischen Eins-Seins, des Gleichgewichts zwischen unserem unbegrenzten und unserem begrenzten Sein. Den Himmel auf Erden zu erfahren, bedeutet nichts anderes, als bewußt das Lebendige Licht zur Verkörperung zu bringen. Der erwachte Blumen-Typ kann die Pheripherie seiner Gefühle so weit ausdehnen, bis er das Gefühl hat, selbst das Universum zu sein, ohne sich deswegen verloren zu fühlen. Er hat Vertrauen zu sich selbst, denn er hat Selbstkontrolle und Fokussiertheit des Juwelen-Typs meisterlich gelernt und verliert sich nicht länger in seinen freudvollen Visionen. Aber vor allem ist er nun in der Lage, die Freude seiner Visionen mit anderen zu teilen.

Der Strom-Typ

»Strom« ist der metaphorische Ausdruck für die Faserstrukturen des *Stroma iridis*, die strahlenförmig von der Pupille bis zur Peripherie der Iris und wieder zurück verlaufen. Sind keine Juwelen oder Blumen vorhanden, was selten vorkommt, spricht man von einem Strom-Typ. Ein oder zwei Juwelen weisen auf einen Strom-Juwelen-Typ hin. Um diesen Typ zu charakterisieren, brauchen Sie nur das nachfolgende Profil mit dem des Juwelen-Typs zu kombinieren. Sind ein oder zwei Blumen vorhanden, handelt es sich um einen Strom-Blumen-Typ, der sich aus dem Profil der Blume und dem des Stroms zusammensetzt. Sind sowohl Blumen als auch Juwelen in der Iris erkennbar, spricht man von einem Mischtyp.

Die Primärdialektik in der Beziehung Juwel–Blume besteht auch in der zwischen Strom- und Mischtyp. Die Strom-Persönlichkeit befindet sich von seiner kinästhetischen Grundveranlagung her in Kongruenz mit dem Spektrum der irdischen Energieemanationen. Körperhaltung und Gestik sind eher unauffällig und subtil. Er spricht gern in der Wir-Form. Sein physischer Körper dient ihm als zuverlässiger, praktischer Bezugspunkt im Fluß des Lebens. Er ist der Mittler zwischen seinen mentalen und emotionalen Gegenstücken der Menschheitsfamilie, den Juwelen und Blumen. Ströme lernen durch Handeln und vermitteln ihr Wissen durch Berührung. Ihre Irismerkmale sind so unauffällig wie sie selbst. Die erwachte Strom-Persönlichkeit gewahrt das Sein »als Seele, die einen Körper bewohnt«, im Gegensatz zur Mehrzahl ihrer Mitmenschen, die meint, daß »der Körper eine Seele hat«. Ströme sind geerdete, sensible Wesen, die sich mit dem Mysterium des fleischgewordenen Wortes zutiefst verbunden fühlen. Auf Grund ihrer überaus starken Fähigkeit, »berührend« zu kommunizieren, erfassen sie die Wahrheit einer Situation intuitiv, ohne sich in mentalen oder emotionalen Wirren zu verlieren. Das macht sie zu einer Stütze für ihre Mitmenschen.

Eine ihrer wichtigsten Gaben ist es, ihre mental und emotional überbetonten Brüder und Schwestern wieder mit ihrem physischen Vehikel versöhnen und ausbalancieren zu können. Ihre innerlich gefestigte Gegenwart läßt jeden, der Ganzheit sucht, genesen, ohne daß auch nur ein Wort fällt; ihr intuitiver Zugriff auf die Realität stützt sich nicht auf intellektuelle Argumente oder emotionale Überzeugungskraft. An ihnen wird sichtbar, was es bedeutet, das Leben aus der Perspektive der Dreiheit anstatt aus dualistischer Sicht zu betrachten. Wenn er selbst im inneren Gleichgewicht ist, *weiß* der Strom-Typ einfach, was real ist und was entwurzelt oder abgetrennt in furchteinflößender Relativität des fühlenden Bewußtseins. Wenn er aber programmiert ist, sein Gewahrsein nach außen zu richten, außerhalb der Peripherien seines eigenen inneren Führungskonzepts, erlebt er innerhalb kürzester Zeit eine »Überladung« seiner Sinne und erfährt sich als entwurzelt, als polarisiert. Oder anders ausgedrückt, wenn er dazu erzogen wurde, äußeren Autoritäten mehr zu vertrauen und zu gehorchen als sich selbst, stagniert seine natürliche Tendenz, Ganzheit zu schaffen und zu empfinden, und er verfällt in einen Zustand starrer Ich-Bezogenheit. Anstatt die Dichotomien des Lebens zu erkennen, zu »berühren« und heilend zu Ganzheit zu führen, gerät er in ihren Bann und absorbiert den erstarrten Gedankenschutt einer sterbenden Zivilisation. Für einen Strom, der vergessen hat zu fließen, ist das ein langsamer, quälender Tod. Und so besteht ein wesentlicher Teil seiner Heilungsarbeit darin, die Ausdünstungen des Lebens freizusetzen und seinen besonderen Platz einzunehmen. Wenn solchermaßen »gebannte« Ströme wieder lernen, sich selbst zu vertrauen, und sich dem

Fluß des Lebens wieder überlassen, können sie eins werden mit der Welle, mit dem Vor und Zurück zwischen Unendlichkeit und Endlichkeit, zwischen Unbegrenztheit und Begrenztheit.

Es ist für den Strom-Typ außerordentlich wichtig, sein Gewahrsein beizubehalten, daß er die Vereinigung von mentaler und emotionaler Essenz verkörpert, und daß er fähig ist, die ihn umgebende Mental-emotional-Dialektik zu transformieren. Durch sein tiefes inneres Verständnis für das Mysterium des fleischgewordenen Wortes ist er in der Lage, Gegensätze zu versöhnen und die Höhere Dreiheit herzustellen. Das ist seine Gabe. Betrachtet er diese Gabe aber voller Stolz als nur ihm zugehörig, verliert er bald seine klare innere Sicht. Unbewußt, wie ein Magnet, zieht er dann den statischen Schutt aus seinem mentalen und emotionalen Umfeld an. Es ist keineswegs ungewöhnlich, Strömen zu begegnen, die sich zu sehr verwurzelt fühlen, so als würden sie in ihrem eigenen Drama festsitzen. Nicht selten fühlen sie sich zum unbeschwertem Mischtyp hingezogen, um sich selbst zu mehr Weite und Leichtigkeit verhelfen zu können.

Wenn wir uns dem Licht vollkommen anvertrauen, der Inneren Präsenz der Quelle unseres Seins, dann wird das Universum dieses Vertrauen noch verstärken und uns somit freimachen, an der Unbegrenztheit des Jetzt teilzuhaben. Der Strom-Typ, in seinen oder außerhalb seiner Fließmuster, ist eng mit dem globalen Gehirn verwoben, dem holographischen Netzwerk der Schöpfung, das alle Frequenzen der Licht-Organisation umfaßt, von denen des Gemüses bis zu jenen der Engel. Sein ganzer Körper ist ein Gehirn, das den Austausch selbst subtilster Informationen auf den verschiedenen Frequenzen der Licht-Organisation registriert und sie in eine universale Sprache übersetzt. Wenn er sich zu seinen Fähigkeiten bekennt, die das Universum ihm zum Geschenk gemacht hat, und wenn er seinem Verbundensein mit der gesamten Schöpfung vertraut, kann der Strom-Typ jede gewählte Richtung einschlagen, ohne auf Hindernisse zu stoßen.

Der Mischtyp

Wie der Name schon andeutet, stellt dieser Typ eine »Mischung« aus den drei zuvor beschriebenen Typen dar. In seinen Augen finden sich sowohl Juwelen und Blumen als auch die strahlenförmigen Faserstrukturen des Stroms. Sind es nur wenige Juwelen und viele Blumen, handelt es sich um einen Blumen-Mischtyp, ein extrem emotionales Wesen mit gleichzeitig starken mentalen Merkmalen. Überwiegen dagegen die Juwelen, handelt es sich um einen extrem mental ausgerichteten Menschen mit emotionaler Lebhaftigkeit.

Der Mischtyp ist ein motivierter, ehrgeiziger Mensch. Er kommuniziert auf allen Ebenen: verbal, visuell und kinästhetisch. Er lernt durch Körpererfahrung und verfügt über eine sehr dynamische Gestik. Er ist schöpferisch und begeisterungsfähig, braucht aber eine gewisse Beständigkeit, um sein Gleichgewicht zu finden. Er spricht mit Vorliebe in der dritten Person Plural, dem »Sie«.

Mischtypen zählen zu den Extremisten der Menschenfamilie. Sie durchstoßen den Panzer erstarrter Gedankenformen und Verhaltensweisen einer Gesellschaft, die ihre eigene energetische Signatur verloren hat. Ob Juwelen-Mischtyp oder Blumen-Mischtyp, diese Menschen sind in jedem Fall und auf ihre ureigenste Weise radikal. Ihre Weigerung, sich ihren festen Platz in der Gesellschaft zu suchen, bestimmt sie oft dazu, die Rolle des Einzelgängers oder Außenseiters zu spielen, der von Arbeitsplatz zu Arbeitsplatz wechselt, von einem Traum zum nächsten.

Dem nicht erwachten Mischtyp fällt es schwer, in seinen Körpern zu verharren und die ganze Bandbreite seiner inneren kreativen Erfahrungen in der dreidimensionalen Realität zu manifestieren. Es erscheint ihm ungleich faszinierender, seinen Träumen nachzuhängen, als sich die Mühe zu machen, Träume auch zu manifestieren. Wenn er lernt, sein Bedürfnis nach Rebellion loszulassen, sich gegen den Status quo aufzulehnen, geerdet zu bleiben und auf der Verwirklichung seiner begeisternden Visionen zu bestehen, wird er zu einer reifen Realisierung dieser Visionen kommen.

Man sollte dem Mischtyp als einer in sich eigenständigen Triade begegnen. Als solche benötigt er stärkere Vorsätze, mehr Willenskraft und mehr spirituelle Reife, um die Dreifach-Natur seines Wesens zu aktivieren; er muß gewissermaßen mit »höheren Einsätzen« spielen. Ist er aber erwacht, so darf er sich ausgesprochen positiver Beziehungen zu allen anderen Persönlichkeitstypen erfreuen. Weigert er sich jedoch, zu erwachen, besteht er darauf, auf seiner autokratischen Bettstatt zu verweilen und so seine Liebe zum Leben zu verleugnen, verfällt er unweigerlich in Neutralität und Inaktivität.

Wie die drei zuvor beschriebenen Persönlichkeitstypen muß auch der Mischtyp lernen, aus der Perspektive des Geistes zu handeln, steht dabei aber, wie schon erwähnt, unter mehr Druck. Und tatsächlich tut sich der Mischtyp besonders schwer, seine eigene Göttlichkeit »Fleisch werden« zu lassen; er befindet sich mehr »außerhalb seines Körpers« als jeder der drei anderen Persönlichkeitstypen – zumindest so lange, bis er seine Verantwortung für sein physisches Vehikel erkannt und akzeptiert hat.

Der Strom-Typ kann dem flüchtigen Mischtyp äußerst wertvolle Lektionen in Sachen Geduld geben und ihn lehren, das Geschenk seines physischen Körpers in angemessener Weise zu würdigen. Was das Verhalten angeht, so ist der Strom-Typ das Komplement beziehungsweise der Gegenpol zum Mischtyp. Vom Standpunkt der Evolution aus betrachtet, bilden sie jedoch keine Polarität, sondern eigenständige, unabhängige Lenker ihres physischen Gefährts, wenngleich ihre navigatorischen Fertigkeiten erst mit der *Seelenverschmelzung* zu voller Reife gelangen.

Es ist für »Mischer« unumgänglich, ihrem Größeren Selbst zu erlauben, sich durch das physische Vehikel, für das sie sich selbst entschieden haben, auszudrücken. Diese Menschen haben ihre eigene innere Arbeit zu verrichten, vom Standpunkt des Geistes aus; ein Ego-Training erübrigt sich in ihrem Fall. Wenn sie sich weigern, das Gleichgewicht aller ihrer Körper herzustellen, verfügen unter allen drei Persönlichkeitstypen diese Wesen über die größte Kapazität, für sich selbst physisches Leid zu erzeugen, um die eigene Aufmerksamkeit doch noch auf den physischen Körper zu lenken.

Die wahre Bewußtseinsevolution beginnt für den Mischtyp in dem Augenblick, in dem er es akzeptiert und bereitwillig annimmt, inkarniert zu sein. Durch die körperliche Erfahrung wird er befähigt, das, was diese Welt zu bieten hat, für sich zu ordnen und zu verarbeiten. So wird er zum charismatischen Genius und ist als solcher in der Lage, mit den Juwelen, Blumen und Strömen in seinem Leben dynamisch und vertrauensvoll zu kommunizieren. Ist der Mischtyp in dieser Weise erwacht, übernimmt er nicht selten die Führerschaft in progressiven Bewegungen und wird zum Wegbereiter für seine weniger kühnen Brüder und Schwestern.

Die Entwicklung beschleunigen

Ob Juwelen-, Blumen-, Strom- oder Mischtyp, konzentrieren Sie sich bei Ihrer Einsichtnahme in die Iriden immer auf die Kernstruktur Ihres Klienten. So beschleunigen Sie die unbewußten Adaptationsprozesse, die fortwährend um Ausgleich und Aufhebung der Polarität bemüht sind. Die bewußte Ausrichtung an der eigenen neurologischen Kernstruktur und somit die Entscheidung, die eigene Polarität anzunehmen, beschleunigen den evolutionären Prozeß in Richtung *Seelenverschmelzung*. Vermeidet es jemand, die natürlichen Eigenschaften dieser komplementären Gegensätzlichkeit bewußt zu absorbieren, wird das Unterbewußtsein diese von uns abgelehnten Eigenschaften wie magnetisch ins Leben holen und uns so lange mit ihnen konfrontieren, bis wir bereit sind zu Akzeptanz und Ausgleich. In seiner Bedeutung kommt dies einem Quantensprung gleich. Ausgleich und Kapazität zur ungehinderten Manifestation der eigenen Fähigkeiten entwickeln sich über die bewußte Akzeptanz der eigenen neurologischen Gegensätzlichkeit. Die Lektion lautet: Aufhebung der Dualität. Grundlegend aufgelöst wird Dualität durch ein Zuviel an schmerzlicher Erfahrung des Getrenntseins, des Nicht-Eins-Seins. Erst dann ist man bereit, sich jenem Prinzip anzuvertrauen, welches ein Miteinander der drei Körper bedeutet. Alle Gefühle des Zwangs, der Knechtschaft, des Festsitzens sind Täuschungen des unruhigen, überdrehten Bewußtseins. In der Gnade des Geistes ist jeder Mensch frei, vom Kreuz der Raum-Zeit-Begrenztheit herab in die Gegenwart des Lebendigen Lichts aufzusteigen. Wesentlich dafür ist, daß er bewußt *entscheidet*, sich für diesen Prozeß des *Aufstiegs* zu öffnen. Diese Entscheidung wird niemandem aufgezwungen. Die liebende Heilung des Ungleichgewichts von physischem, emotionalem und mentalem Körper, begleitet vom »inneren Lächeln« der Akzeptanz, wird den Prozeß des *Aufstiegs* des gesamten Planeten befördern. Wir alle können dazu beitragen, indem wir werden, was wir schon immer waren – Meister des Lichts.

*Persönlichkeitsprofile**

Kernstruktur	*Juwel*	*Blume*	*Strom*	*Mischtyp*
Klassifikation	verstandesbetont, analytisch	gefühlsbetont, spontan	intuitiv, verbindlich	beweglich, hyperdynamisch
Kommunikation	verbal	visuell	kinästhetisch	auf allen Ebenen
Lernmodus	visuell	akustisch	handelnd	kinästhetisch (Körpererfahrung)
Körperhaltung/ Gestik	kontrolliert, pointiert	lebhaft, spontan	subtil	dynamisch
Fähigkeiten	Detailliebe, Führungsqualitäten	visionär, sozial, kommunikationsfreudig	ausgleichend, stabilisierend	enthusiastisch, originell
Polarität	Blume	Juwel	Mischtyp	Strom
Ausgleich	fließen	fokussieren	Initiative ergreifen	Beständigkeit
Ungleichgewicht durch Streß	Vermeidungshaltung, Frustration	Schuldgefühle, Depressionen	nachgiebig, unentschlossen, behindernd	selbstherrlich
Adaptation	emotional	detailliert	nicht geerdet	passiv
Perspektive	Ich	Du	Wir	Sie
Ausrichtung	nach vorn	nach allen Richtungen	nach unten	nach oben und außen
Essenz	linear	räumlich	bezogen	vital

* Die Tabelle wurde dem Rayid-Iris-Modell entnommen.
(Siehe weiter dazu Farbteil im Buch)

Kapitel drei

Sind Sie rechts- oder linksdominant?

Die Vereinigung von Sperma und Eizelle setzt eine Kette von Ereignissen in Gang, die ihren Widerhall im ganzen Universum finden. Jedes neugeborene Kind ist ein Licht-Wesen. Es ist die Aufhebung der Dualität, die Vater und Mutter repräsentieren, Ausdruck der dreifaltigen Perspektive. Das Hauptanliegen dieses Buches ist es, einen Überblick über den evolutionären Prozeß der *Seelenverschmelzung*, oder des Seelen-Bewußtseins, zu geben und darzulegen, daß und warum die Spirituelle Irisanalyse bei uns eine unvoreingenommene Öffnung für die eigenen Gaben, Fähigkeiten und Herausforderungen bewirken kann. Bedingungslose Liebe und Akzeptanz der Entscheidungen, die man im Augenblick der Empfängnis getroffen hat – das ist der Anfang aller Weisheit.

Die bisher angestellten Betrachtungen sollten Sie auch bei der nun folgenden Beschäftigung mit der Frage nach der links- oder rechtshemisphärischen Dominanz, die wesentlich zum Verständnis anderer und zum eigenen Selbstverständnis beiträgt, nicht außer acht lassen. Linke und rechte Hemisphäre sind nicht die einzigen Gehirnstrukturen, die als verzögerte Licht-Umwandler fungieren. Vielmehr gibt es mehrere Gehirn- oder Nervenzentren, die dieselbe Funktion erfüllen und das menschliche Verhalten steuern. Und keineswegs sind Menschen auch nur entweder rechts- oder linksdominant. Dieser populäre Mythos hält sich hartnäckig. Einen Menschen derart in eine Schablone zu pressen, ist nicht nur irreführend, sondern kann sogar schädlich sein. Das menschliche Gehirn basiert auf demselben Prinzip wie ein binärer elektromagnetischer Computer. Physiologisch gesehen ist es Befehlszentrale und Datenspeicher in einem. Reize werden bewußt aufgezeichnet und integriert, Muskeln aktiviert, Erinnerungen gespeichert.

Bevor wir jedoch näher auf die Bedeutung der Funktionen von rechter und linker Hirnhemisphäre eingehen und sie aus der Perspektive der Spirituellen Irisanalyse betrachten, ist es wichtig, einen Blick auf entwicklungsgeschichtliche Aspekte des menschlichen Gehirns zu werfen, die gleichfalls zur Homöostase zwischen physischem, mentalem und emotionalem Körper beigetragen haben. Alte Initiationskulturen, wie zum Beispiel die der Ägypter oder Mayas, widmeten sich dezidiert der Evolution des Bewußtseins, und zwar taten sie dies, um mit allen seinen Ebenen, den inneren wie den äußeren, in eine tiefere Beziehung zu kommen, nicht um es zu dominieren. In ihren Hieroglyphen, ihrer Symbolsprache, finden sich viele Hinweise auf die Bedeutung jener Gehirnsysteme, die die evolutionäre Entwicklung der binären Großhirnrinde mit einleiteten. Sie wußten, daß die »Sprache« des Hirnstamms und des Mittelhirns, jener beiden Gehirnstrukturen, die der Mensch mit den anderen Vertebraten gemeinsam hat, daß diese »Sprache« also assimiliert und in das eigene bewußte Gewahrsein integriert werden muß. Diese Mysterien-Schulen unterschieden klar zwischen psychischen Phänomenen, die dem »niederen« Gehirnteil (Hirnstamm) entspringen, und spirituellen Gaben, die mit dem integrierten, erweiterten Vorderhirn in Zusammenhang stehen. Ein Adept graduierte erst dann zum Meister, wenn die drei Gehirnsysteme, nämlich Hirnstamm, Mittelhirn und Vorderhirn, vereinigt und als Kanal für das Größere Selbst geöffnet worden waren. Im Zusammenhang mit den feinstofflichen Körpern und dem Chakrensystem wird sogar vermutet, daß es sieben Gehirne geben könnte.

Auch in den Geheimlehren verschiedener Stammeskulturen der Neuzeit, wie zum Beispiel der Indianer Nordamerikas, der mexikanischen Yaquis (die durch die Lehren des Schamanen Don Juan bekannt geworden sind) oder auch der australischen Aborigines, steht die lebendige Kommunikation mit den verschiedenen Reichen der Schöpfung, dem Mineralreich, dem Pflanzenreich, dem Tier- und dem Menschenreich sowie mit den Reichen des »Übernatürlichen«, im Vordergrund. Viele der sogenannten »primitiven« Kulturen waren beziehungsweise sind darüber hinaus noch immer auf holistische Weise funktional mit den vielfältigen Ebenen der Realität verbunden. Der moderne Mensch hält in der Regel eine solche Verbindung schlichtweg für absurd, denn er fürchtet sich davor, hinter die Kulissen seiner konditionierten Weltsicht zu schauen. Unser hochentwickeltes Rechts-links-Gehirn hat, »frei« von jeder bewußten Verbindung zu seinen frühgeschichtlichen Ursprüngen, eine Zivilisation geschaffen, die für ihre Überheblichkeit den sogenannten »Primitiven« gegenüber bekannt ist und geradezu besessen davon, alles beherrschen zu wollen, was letztendlich Zerstörung bedeutet.

Nun gibt es keine Form manifestierten Seins, das frei von Dualität wäre. Dennoch und deshalb muß die gegenwärtige Bewußtseinsevolution im bereits beschriebenen Sinn über die Dualität hinausgehen. Vielleicht werden die Menschen erkennen – und nicht zuletzt in ihren eigenen Augen –, daß das Universum uns als Triade erschaffen hat. Die drei neurologischen Systeme, die wir metaphorisch als Juwel, Blume und Strom bezeichnet haben, sind eines von vielen Beispielen dafür. Unser Planet ist dabei, in den Prozeß des *Aufstiegs* einzutreten. Seine Bewohner werden in zunehmendem Maß über das dualistische Entweder-oder-Denken, mit dem sie bisher versucht haben, die Realität zu verstehen, hinauswachsen. Es gibt ein tiefes inneres Wissen, das keine binären Gegensatzfunktionen braucht, um auf dem »Weg der Schönheit« durch diese Welt zu gehen.

Bestimmung der rechts- oder linkshemisphärischen Dominanz in den Iriden

Rechte und linke Hirnhälfte vermitteln gemeinsam ein zusammenhängendes, vollständiges Bild von der Wirklichkeit: Die rechte Hemisphäre steuert die Funktionen der linken Körperhälfte und die linke Hemisphäre die der rechten. So steht das linke Auge mit der rechten Hemisphäre in Beziehung und, umgekehrt, das rechte Auge mit der linken Hemisphäre. Wenn beide Hirnhälften in Einklang stehen, wenn sie simultan arbeiten, existiert der Mensch in der Realität des Augenblicks, und nicht mehr unter dem Bann von traumatischen Erfahrungen der Vergangenheit, von Zukunftsängsten oder -träumen. Und das ist so, weil die linke Hemisphäre auf Vergangenes orientiert ist, während die rechte mit Zukünftigem befaßt ist. Die linke Hirnhälfte läßt sich unter anderem mit folgenden Schlüsselbegriffen charakterisieren: Willenskraft, Zeitempfinden, Maskulinität, verdichtend, begrifflich, analytisch. Funktionale Eigenschaften der rechten Hemisphäre sind unter anderem: Feminität, Vorstellungskraft, räumliches Denken, intuitiv, expansiv, rezeptiv. Sind die Hemisphären im Gleichgewicht, funktioniert der physische Körper als *ein* Vehikel. Innere Spannungen werden abgebaut, da die eine Seite nicht länger versucht, die andere gleichzurichten. Ist die Dualität zwischen rechts und links aufgehoben, wird es möglich, den Augenblick wach und bewußt, als ein Vehikel des Lichts, zu erleben, vorausgesetzt, wir haben uns bewußt für diese Möglichkeit entschieden.

Überwiegen Juwelen, Blumen oder Ströme im linken Auge, deutet das auf die Dominanz der rechten Hemisphäre zum Zeitpunkt der Empfängnis hin, eine Anhäufung derselben Merkmale im rechten

Auge auf eine Dominanz der linken Hemisphäre. Betrachten Sie beide Augen ganz genau, und versuchen Sie zu *fühlen,* welches mehr Energie aussendet. In der Regel hat das dominante Auge auch die intensivere Färbung (s. Farbt., Abb. 5A/5B; 6A/6B).

Nachdem Sie geklärt haben, welche Gehirnhälfte bei der Empfängnis die dominante war, stellen Sie fest, ob später ein Dominanzwechsel zum rezessiven, also ursprünglich nicht dominanten Auge, stattgefunden hat. Überprüfen Sie dazu die Schlüsselbereiche des dominanten Auges hinsichtlich seiner Strukturen. (Einzelheiten siehe Kapitel fünf.) Diese geben Aufschluß über die mögliche Motivation eines Wechsels.

Finden sich in den Iriden nur wenige Strukturmerkmale, dafür aber ein goldener oder orangefarbener Bogen, ist dies ein zusätzlicher Hinweis auf einen Hemisphärenwechsel. Ein solcher Bogen oberhalb der Pupille, im oberen Randbereich des Auges, weist auf ein hohes Maß an stimulierender Aktivität im korrespondierenden Hirnlappen hin. Je öfter eine Person zwischen den Gehirnhälften hin- und herwechselt, desto größer ist ihre Kapazität zum simultanen Funktionieren beider Hemisphären. War die Beziehung der beiden Elternteile zum Beispiel harmonisch und ausgewogen, so kann man davon ausgehen, daß das einen positiven Einfluß auf das Zusammenspiel der Hemisphären des Kindes hatte. Wurde der Elternteil, zu dem man die stärkere Bindung hat, abgelehnt, so schlägt sich dies in der Iris als deutlich ausgeprägtes Wechselmuster nieder, denn eine Folge der Ablehnung ist eine Konzentration auf die rezessive Hemisphäre, die dadurch stimuliert wird. So kann die Iris erstaunliche Auskünfte über den Ursprung tiefer Wunden und Narben des Emotional- und des Mentalkörpers geben. Bevor Sie die Informationen darüber nun aber an Ihr Gegenüber weitergeben, rufen Sie sich die Tatsache ins Gedächtnis zurück, daß Sie dem höchsten Wohl dieses Menschen zu dienen haben.

Weiter sollten Sie darauf achten, wie Ihr Gegenüber seine Hände verschränkt; welcher Daumen dabei oben zu liegen kommt. Ist es der linke, weist dies auf einen Hemisphärenwechsel von rechter zu linker Hemisphäre vor dem zweiten Lebensjahr hin (wenn außerdem die Iriszeichen des linken Auges überwiegen). Liegt der linke Daumen zwar obenauf, befindet sich die Mehrzahl der Iriszeichen aber im rechten Auge, dann ist es *nicht* zu einem Hemisphärenwechsel gekommen.

Hinweis auf die aktuell dominierende Gehirnhälfte liefern auch die Monde der Daumennägel; der ausgeprägteste von beiden weist auf eine Dominanz der korrespondierenden Hemisphäre hin. Wenn beispielsweise der linke Daumennagel einen größeren oder abgerundeteren Mond aufweist, ist die rechte Hemisphäre die augenblicklich aktivere.

Für gewöhnlich wechselt der rechtshemisphärische Blumen-Typ zur linken Hirnhälfte, besonders wenn er extrovertiert ist, um zu lernen, mit seiner Energie hauszuhalten. Er führt selbst die Loslösung von den Aktivitäten der rechten Hemisphäre herbei (inklusive die von der Mutter), so lange, bis er die linkshemisphärischen Lektionen gelernt hat, die darin bestehen, zentriert zu bleiben und um dieses Zentrum herum Energie aufzubauen. Das sympathische Nervensystem geht bei einem extrovertierten, rechtshemisphärischen Blumen-Typ gewöhnlich so lange in seinem Einfluß zurück, bis dieser gelernt hat, von einem festen Zentrum aus zu fokussieren und zu expandieren.

Der linkshemisphärische Juwelen-Typ wechselt für gewöhnlich zur rechten Hirnhälfte, um zu lernen, wie er seine Energie freisetzen kann. Das gilt insbesondere für die introvertierten Vertreter dieses Typs. So bewirken sie eine Trennung von den Aktivitäten der linken Hemisphäre (auch vom Vater), bis sie die rechtshemisphärische Lektion der Freizügigkeit und des Freisetzens von aufgestauter Energie gelernt haben. Bei ihnen verliert das parasympathische Nervensystem so lange an Einfluß, bis sie gelernt haben, von einer erweiterten, nicht mehr so statischen Mitte aus zu fokussieren. Dies sind nur ein paar Beispiele, die verdeutlichen sollen, auf welche Weise das Unterbewußtsein stets um Ausgleich bemüht ist. Erkennt man ein vorhandenes Ungleichgewicht, kann es viel leichter und effizienter behoben werden, als es der Fall wäre, würde man dies den unbewußten Verarbeitungsprozessen überlassen.

Die Spirituelle Irisanalyse kann in Verbindung mit anderen Methoden angewendet werden, um die Heilung von Beschwerden zu beschleunigen, die auftreten, wenn ein Mensch nur auf die eine Hälfte seiner selbst reagiert, also mit sich selbst uneins ist (was auch in gewissen sozialen Reaktionen der Menschen als Spezies seinen Niederschlag findet). Nutzen wir die Informationen der Iris, so eröffnet sich uns die Möglichkeit, jene Themen genau herauszufinden, die vielleicht schon immer im Unterbewußtsein verschüttet lagen. So können wir im wahrsten Sinn des Wortes jene Gaben, jene Aspekte »ans Licht bringen«, die integraler Bestandteil des Leids und des Schmerzes sind, um auf diese Weise den Prozeß des Ausgleichs, hin zu einem Zustand des inneren Gleichgewichts, einzuleiten.

Das führt uns zur Frage der Dynamik der Adaptation: Adaptation eines dominant strukturierten Typs; Adaptation einer dominanten Inwärts/auswärts-Bewegung; Adaptation einer dominanten Hemisphäre an das jeweilige rezessive Gegenstück.

Adaptation: die unbewußte Entwicklung der Persönlichkeit

Aus der Perspektive der Spirituellen Irisanalyse wird unter Adaptation schlicht die Entscheidung eines Individuums verstanden, das gesamte Spektrum der Stimuli zu erforschen, das dem Menschen zur Erfüllung der Absichten der Seele zur Verfügung steht, um den Prozeß der *Seelenverschmelzung* zu befördern. Für gewöhnlich wird eine solche Entscheidung unbewußt herbeigeführt. Menschen, die erwachen, verstehen plötzlich, warum sie in Lebensumstände »geführt« wurden, die ihnen vielleicht ganz und gar »gegen den Strich« gehen. Die höheren Oktaven des menschlichen Potentials werden wie magnetisiert angezogen, um unmittelbarer Bestandteil des Lebens jener Individuen zu sein, die sich darauf vorbereitet haben, bewußte Gefäße des Lichts zu werden. Eine wesentliche Vorbedingung für die *Seelenverschmelzung* ist es, das Gleichgewicht zwischen physischem, emotionalem und mentalem Körper herzustellen. Im Idealfall werden Entscheidungen aus einem ganzheitlichen Bewußtsein heraus getroffen, das sich über seine Absichten und die sich daraus ergebenden Konsequenzen im klaren ist. Wenn Menschen sich als Opfer ihrer Lebensumstände fühlen, das heißt, wenn sie sich unbewußt gegen das psycho-neurologische »Fenster« sträuben, das zu verkörpern sie sich bei der Empfängnis entschieden haben, wenn sie sich mit anderen Worten noch im Prozeß der Adaptation befinden, dann erfahren sie dasselbe existentielle Dilemma wie unzählige ihrer Mitmenschen. Wir wollen im folgenden versuchen, die Wurzeln der Adaptation freizulegen.

Die Wurzeln der Adaptation

An der Schwelle zu einem Traum – oder besser: zu einem Alptraum, je nach Sicht der Dinge, beginnt die Menschheit allmählich aus der hypnotischen Trance zu erwachen, in der sie seit Äonen gefangen war. Emmanuel Velikofsky legt in seinem brillanten Buch »Mankind in Amnesia« dar, daß die Kataklysmen, die die Menschheit im Laufe ihrer langen Entwicklungsgeschichte periodisch immer wieder erlebt hat, ein oder auch mehrere Gehirnsysteme traumatisiert und den menschlichen Biocomputer stark beeinflußt haben. Die wenigen Menschen, die es geschafft haben, wahre Meister ihrer biologischen Software zu sein, konnten ihre genealogisch-sozialen Ein-Drücke mit Metaprogrammen reprogrammieren. Jenen, die auf der Suche nach einer erleuchteten Lebenssicht waren, sind diese Meister nicht unbekannt geblieben. Die herrschenden politischen, religiösen und wirtschaftlichen Institutionen hatten schon immer ein Interesse daran, erwachte Menschen aus ihrer Mitte zu entfernen, um zu verhindern, daß sie den schlummernden Rest der Menschheit aufstörten. Doch erwachte Menschen lassen sich vom Unbewußtsein der Massen weder manipulieren noch unterdrücken. Sie folgen ihrem eigenen Rhythmus, der Stimme *ihres eigenen* Bewußtseins. Sie überlassen ihre Kraft keiner äußeren Autorität.

Im letzten Jahrzehnt dieses zwanzigsten Jahrhunderts erleben wir nun die Todeszuckungen einer der kurzlebigsten Zivilisationen. Das Glaubensbekenntnis unserer westlichen Gesellschaft lautet, daß alles Schwache und Verletzliche, alles, was sich nicht verteidigen kann, dominiert werden muß. Diese Überzeugung wird auf jede nur denkbare Art und Weise in die Tat umgesetzt, denn sonst würden wir uns, die scheinbar Überlegenen, in unserer Welt, die wir als grundlegend böse und von Gewalt beherrscht empfinden, gar nicht sicher fühlen.

Wie wir bereits festgestellt haben, ordnet sich das Universum um, um sich unseren Vorstellungen von der Wirklichkeit anzupassen. Auch die menschliche Spezies hat sich als unglaublich anpassungsfähig erwiesen an die Flut von Gedankenformen, die aus der Realität einen Hort der Gefahren machen wollen. Die meisten Menschen verwenden ihre Überlebensinstinkte darauf, die Gefahren, die im Schoß von Mutter Natur auf sie zu lauern scheinen, zu orten und sich dagegen zu rüsten. Unter großen Anstrengungen werden »Überlebensblasen« geschaffen, mit deren Dichte, Form, Größe und finanziellem Wert sie sich identifizieren. Anstatt für das Leben zu arbeiten, leben sie für die Arbeit. Sie mühen sich, ihre »Überlebensblasen« immer wieder auf den neuesten Stand zu bringen, damit sie vor den überall und ewig drohenden Gefahren auch wirklich sicher sind. Und so ist ihr Leben tatsächlich ein einziger Kampf gegen etwaige Feindseligkeiten. Der akademisch-anthropologische Überbau der offiziellen Realitätsbilder will dem Menschen der Moderne weismachen, daß schon seine »primitiven« Vorfahren in ihrem Wesenskern aggressiv und feindselig waren, daß nur der Stärkste überlebte und überlebt. Aus der Perspektive der Bewußtseinsevolution aber paßt sich das Universum, wie schon erwähnt, unseren unbewußt angenommenen Realitätsvorstellungen an, sogar rückwirkend! Das heißt, wenn wir unseren Standpunkt, unsere Vorstellung von etwas ändern, ändert sich auch die (wahrgenommene) Realität. Das ist der Quantensprung, den zu machen die Menschheit sich anschickt, die eigentliche Bedeutung der Evolution des Bewußtseins und der große Unterschied zur Evolutionslehre Darwins.

Gegenwärtig geht es nicht darum, ob oder wie schnell wir fähig sind, uns den äußeren Umständen anzupassen, sondern darum, ob wir willens sind, auf unsere innere Stimme des Größeren Selbst zu antworten. Menschen, die den vielseitigen Veränderungen aus Angst mit verbesserten »Überlebensblasen« immer einen Schritt voraus sein wollen, werden ganz einfach die Orientierung verlieren, während Menschen, die sich dafür entscheiden, zu erwachen, das Zeitalter der Seelen-*Diaspora* zu verlassen, sich selbst in vollkommener Harmonie mit allen Lebensbereichen erfahren.

Was hat all das mit den Augen zu tun?

Die Augen sind das Projektionsfeld für den physischen, mentalen und emotionalen Körper. Sie registrieren jeden polaren Wechsel, jede Adaptation, jede Abweichung von der ursprünglichen Blaupause. Wenn die inkarnierte Seele hypnotisiert ist von der Vorstellung, allein dazustehen, ohne Licht, das sie leitet, führt die Adaptation an diese Konsensus-Realität, oder an das Massenbewußtsein, mehr oder minder stark zur Zurückweisung des eigenen Selbst. Der Grad der Adaptation hängt davon ab, wie die inkarnierte Seele ihre Rolle, die sie bei der Auflösung der Dualität im derzeitigen Lebenskontext spielt, bestimmt. Je stärker der Wunsch nach einer polarisierten Erfahrung von der Seelenebene aus ist, desto mehr Menschen werden das genaue Gegenteil dessen ausagieren, was in ihren Augen steht. Je mehr ein Mensch erwacht und sich der Intelligenz seines Herzens oder seiner Seele öffnet, desto besser lernt er sich selbst verstehen. So lange er sich im Prozeß der Adaptation befindet, kann er sein ganzes Leben mit der Jagd auf Ziele verbringen, die nicht seine eigene Willensentscheidung reflektieren, und sich Realitätsbildern anpassen, die er unbewußt empfangen und übernommen hat. Menschen, die die Verbindung zu ihrem Wesenskern verloren haben, *reagieren* ständig und ausschließlich auf die Umwelt, passen sie dem irdischen Drama vom Daseinskampf an, immer und immer wieder. Keineswegs muß nur der Tod der letzte Ausweg aus dieser Dualität sein, die für die meisten Menschen derzeit die einzige »wahre« Wirklichkeit ist. Im Kontext evolutionierten Bewußtseins heißt das Schlüsselwort *Erfahrung*.

Die Iris ist ein Datenträger, der voller Informationen über individuelle Grundmuster, Fähigkeiten und Aufgabenstellungen steckt, über die spezifischen Lektionen, die ein Mensch zu lernen und zu vermitteln hat. Darüber hinaus finden sich Hinweise auf unbewußte genealogisch-soziologische Ein-Drücke, die einen Menschen Pfade haben erforschen lassen, die *nichts* mit seiner Essenz zu tun haben. Mit Ausnahme einiger weniger Eingeborenenstämme, zu deren endgültiger Ausrottung wir in hohem Maß beitragen, erfuhr und erfährt die menschliche Spezies das Leben durch Gedankenformen, die die Seinsessenz und die daraus resultierenden Gefühle nicht respektieren. Diese von Gewalt und Dominanzstreben beherrschten Gedankenformen wurden und werden rücksichtslos durchgesetzt, besonders gegenüber jenen, die es wagen, ihre Gefühle zu zeigen, also vor allem Kinder und Frauen. Aber unterdrückte, in die tiefsten Tiefen der Psyche abgedrängte Emotionen können wieder »hochkommen« und die ihnen rechtmäßig zustehende Gleichbehandlung mit Geist und Körper einfordern. Sie sind vitale Verbindungsglieder zur inkarnierten Seele. Der bilaterale Verstand kann ganze Zeitalter über die metaphysischen Implikationen der Seele nachgrübeln, ohne je die *Seelenverschmelzung* zu erfahren. Das passiert erst, wenn er den Emotionalkörper ohne Furcht und ohne Zögern annimmt.

Adaptation in den Strukturen

Zeigt der Blick in die Augen eines anderen Menschen Ihnen beispielsweise einen extrovertierten Blumen-Mischtyp, der sich aber wie ein introvertierter Juwelen-Strom-Typ verhält, wird deutlich, wie hartnäckig man sich Gedankenformen anpassen kann, die einen oder mehrere, wenn nicht gar alle Aspekte der eigenen Essenz verleugnen. Viele Menschen agieren Charakteristika aus, die ihren Irisstrukturen diametral entgegengesetzt sind. Für die Heilung dieser Menschen ist es von größter Bedeutung, daß man ihren gegenwärtigen Adaptationsmodus respektiert, ihre Aufmerksamkeit sanft auf ihre wahren inneren Gaben lenkt und sie in ihrem integralen Wesen bestärkt. Oft kann eine Rückführung in frühere Leben die notwendige Einsicht befördern, mittels derer sich diese Menschen von ihrer Lebensangst befreien würden. Diese Form von Rückkehr förderte fast immer zutage, daß es bereits viele Inkarnationen gegeben hat, zu denen sie sich entschieden hatten, um das Leben als Kampf zu erfahren. Die Wurzeln dieser wieder und wieder getroffenen Wahl freizulegen, kann der Beginn einer tiefgreifenden Heilung sein. Die Iriden geben Aufschluß darüber, was in der jetzigen Inkarnation zum adaptiven Verhalten geführt hat. Das zu wissen, kann unser Vertrauen in die vielfältigen Pfade, die einzuschlagen die inkarnierte Seele entschieden hatte, festigen und helfen, alle Wesen darin zu bestärken, sich selbst in dem, was sie gerade sind, zu lieben und zu vertrauen. Das ist es, womit alle Heilung ihren Anfang nimmt.

Juwelen in Adaptation

Dieser Persönlichkeitstyp manifestiert oft charakteristische Eigenschaften seines komplementären Gegenstücks, des Blumen-Typs, wenn er sich im Prozeß der Adaptation befindet. Sein Unterbewußtsein veranlaßt ihn dazu, das emotionale Reich der Blumen-Typen zu erkunden. Dabei stellt der Juwelen-Typ seine Gefühle häufig offen, ohne die für ihn typische mentale Zurückhaltung, zur Schau. Sich so zu erleben kann für den Juwelen-Typ zunächst eine erschreckende Erfahrung sein; vielleicht fürchtet er, den Verstand verloren zu haben, zumindest aber die Kontrolle über sich selbst, und das kommt für ihn fast dem Sterben gleich. Auch ein völlig abgehobenes oder unbegründetes soziales Verhalten kann man an ihm beobachten, wenn er versucht, sich unkontrolliert der Dynamik einer Gruppe anzupassen. Juwelen, die lernen, das Bedürfnis loszulassen, alles in ihrem Umfeld kontrollieren zu wollen mit ihren Verstandesbildern, wie etwas zu sein hat, können eine Art Schwebezustand, einen Zustand der Konfusion erfahren, in dem sie von ihren Gefühlen wie von aufgepeitschten Meereswellen überrollt werden. Wenn sie diesen Zustand aber zulassen, werden sie urplötzlich jene innere Verbindung herbeiführen, jene Vereinigung initiieren, in der Herz und Verstand eins sind; sie können überwechseln zu einem völlig neuen Beziehungsparadigma, sowohl was ihre inneren als auch was ihre äußeren Beziehungen angeht.

Blumen in Adaptation

Es ist ganz üblich, daß Menschen mit verhältnismäßig vielen Blumen in den Augen intellektuell ungemein angespannt und in ein solches Wogen von Details verstrickt sind, daß sie jedem emotionalen Austausch schon fast zwanghaft aus dem Weg gehen. Ihre Pupillen sind meistens sehr klein und kontrahiert – ein deutlicher Hinweis auf Adaptation bei einem ausgesprochen emotional veranlagten Wesen, das programmiert wurde zu glauben, Gefühle und emotionale Äußerungen seien falsch. Es gibt Blumen-Menschen, die sich schon so lange im Prozeß der Adaptation befinden, daß Gefühlsäußerungen ihnen etwas vollkommen Fremdes geworden sind. Diese Menschen haben, ohne sich dessen bewußt zu sein, typische Eigenschaften ihres Gegenpols, des Juwelen-Typs, angenommen.

Ströme in Adaptation

Häufig sind die Ursachen der Adaptation bei diesen von Natur aus gefestigten Menschen darin zu finden, daß sie schon in frühester Kindheit gezwungen wurden, ihre Wahrnehmungen (visuelle, akustische und kinästhetische) als falsch anzusehen. Auf Grund seiner Intuitivität und Sensibilität fährt der Strom auch im Erwachsenenleben damit fort, Projektionen und unausgewogenen Schwingungen der Juwelen und Blumen in seiner Umgebung zu absorbieren. Anstatt sich an seiner Verbundenheit mit allem Leben erfreuen zu können, erfährt er nachgerade tiefes Leid. Im Lauf der Adaptation hat er sein Vertrauen in seine natürliche Fähigkeit, ungehindert fließen zu können, verloren. Nicht selten werden solche Ströme zu streßsüchtigen Arbeitstieren.

Mischtypen in Adaptation

Verlieren diese enthusiastischen Wesen das Vertrauen in ihre angeborene Fähigkeit, ihr soziales Umfeld mit neuen und innovativen Praktiken zu beleben, beginnen sie vor sich hinzuwelken und werden zunehmend passiv. Sobald sie feststellen, daß ihre aktuelle Sicht der Wirklichkeit ihnen nicht dabei hilft, ihr mentales, emotionales und physisches Vehikel zu meistern, beginnen sie, autokratische Eigenschaften zu manifestieren, die aber in Wirklichkeit den Grad ihrer Verwirrung und ihrer Frustration anzeigen. Je selbstherrlicher sie sich geben, desto mehr sind sie aus dem Gleichgewicht geraten, innerlich wie äußerlich. Da sie im Innern versuchen, den dynamischen Fluß mentaler und emotionaler Energie zu kontrollieren und zu manipulieren, indem sie körperlicher Erfahrung aus dem Weg gehen, wirken sie nach außen steif. All dies sind Hinweise auf einen Mischtyp in Adaptation.

Kapitel vier

Ringe der Kraft und was sie offenbaren

Ein Mandala ist eine Anordnung von konzentrischen Formen. Im Sanskrit bedeutet *Mandala* soviel wie Kreis(e) oder Mitte/Mittelpunkt. Iris und Pupille sind die Leinwand, auf die sich das Mandala der Ringe der Kraft projiziert.

Solche Ringe zeigen spezifische energetische Fließmuster an; eine Bewegung in die Pupillenmitte hinein und von ihr fort, deutet eine Bewegung zwischen unterschiedlichen Dimensionen an. Die Spirituelle Irisanalyse versteht die Iris nicht einfach als flache, leicht konvexe Fläche, sondern als die Manifestation eines kugelförmigen Energiewirbels oder -vortex, als ein vom Geist kreiertes Mandala.

C. G. Jung entdeckte und legitimierte das Konzept des Mandala für das westliche Denken: Er verwendete Mandalas als Technik für seine Patienten, mit deren Hilfe diese über kreativen künstlerischen Ausdruck zu ihrer Essenz zurückfanden. Das heißt, er bezog Mandalas in Meditationstechniken ein, die der Entwicklung des Bewußtseins oder der Individuation, wie er es nannte, förderlich waren. Im östlichen Denken bedient man sich Mandalas, um sich zu zentrieren, zu »mitten«, um den Geist zu beruhigen und letztendlich, um fähig zu werden, höhere Gewahrseinszustände direkt, ohne die Fesseln und das Diktat des Massenbewußtseins, zu erfahren.

Das Iris-Mandala ist ein wichtiges Hilfsmittel auf dem Weg zur Selbsterkenntnis und zu persönlichem Wachstum. Auf dieselbe Weise, wie man sich auf ein Mandala konzentriert, um sich selbst im Universum zu orten, kann man auch die eigenen Augen studieren, um seine eigene Mitte zu finden, und sie dadurch für die Energieströme zu öffnen, die aus der unbegrenzten Mitte unseres Seins fließen. Die Ringe der Kraft offenbaren das Mandala als Energie aus der natürlichen Wesensmitte eines Menschen; sie werden so schnell oder langsam freigesetzt, wie sie nach Bestimmung des Größeren Selbst vom mentalen, emotionalen und physischen Körper assimiliert und genutzt, eventuell auch, wie sie identifiziert werden können. Wie die anderen Irisstrukturen auch, machen die Ringe der Kraft auf die Essenz eines Menschen aufmerksam, so daß dieser zu ihr zurückfinden kann. Wenn jemand mit seiner Essenz verbunden ist, hat er die Kraft, sein Geburtsrecht als Meister des Lichts einzufordern. In dieser Göttlichkeit wird er von Licht überflutet sein.

Ring der Ausdruckskraft

In der herkömmlichen Irisdiagnose wird dieser Ring als autonomer Nervenkranz identifiziert. Es handelt sich dabei um ein Band, das die Pupille völlig umschließt, manchmal so nahtlos, daß es kaum von ihr zu unterscheiden ist. In diesem Fall kann man auf eine konstriktive, introvertierte Kernstruktur mit parasympathischer Dominanz schließen. Anatomisch gesehen funktioniert der Ring der Ausdruckskraft als Mittler zwischen den Fasern, die von der Pupille zur Peripherie verlaufen und denen, die von der Peripherie zurückverlaufen. Die Beziehung dieser Faserbündel zueinander wird von der Dynamik des konstriktiven, oder zusammenziehenden, parasympathischen Nervensystems und des dilatierenden, oder erweiternden, sympathischen Nervensystems bestimmt. Ist der Ring der Ausdruckskraft deutlich erkennbar erweitert, befindet er sich also in einigem Abstand von der Pupille, dann wurde von der Kernstruktur bei der Empfängnis eine expansive sympathische Dominanz favorisiert. Zu diesem frühen Zeitpunkt kann die Irisanalyse noch nichts hinsichtlich größerer Veränderungen oder Bewegungen (nach innen, außen oder symmetrisch) des Rings der Ausdruckskraft aussagen.

Der Ring der Ausdruckskraft wird von Irisdiagnostikern auch als Magen-Darm-Krause bezeichnet. Uns gibt er Aufschluß über die Fähigkeit des physischen, emotionalen und mentalen Körpers, seine Erfahrungen zu »verdauen«. Er liefert den entscheidenden Hinweis darauf, ob ein Mensch nach innen oder nach außen expandiert. Die Typologisierung »introvertierter Mensch« beziehungsweise »extro- oder extravertierter Mensch« stammt aus der akademischen Psychologie/Psychiatrie, mit dem Zungenschlag, daß introvertiertes Verhalten neurotisches Verhalten sei. Das ist nicht die Position der Autoren. Ganz offensichtlich liegt das Ideal in der Mitte, im Ausgleich beider Extreme. Lage und Symmetrie des Rings der Ausdruckskraft sind also von entscheidender Bedeutung, will man feststellen, *wie* Juwelen, Blumen, Ströme und Mischtypen Stimuli aufnehmen und kommunizieren. Sind sie nach innen oder nach außen gerichtet? Sind sie im Gleichgewicht oder unausgewogen und sprunghaft in ihrem Ausdruck?

Der nach innen gerichtete Typ

»Ein verdichtetes, farbiges, die Pupille umschließendes Band deutet auf eine nach innen gerichtete, sensible Natur hin, die ihre Gedanken und Emotionen für sich behält, oft, um Konflikte zu vermeiden. Sie ist von klugem, tolerantem und verständigem Wesen. Ohne die Möglichkeit, aktiv zu werden und ungehemmt zu kommunizieren, kann sie ruhelos werden oder auch stagnieren. Um Ausdrucksfähigkeit zu lernen, zieht sie nach außen gerichtete Persönlichkeiten an.« (Denny Johnson) (s. Farbt., Abb. 7A/7B)

Es ist durchaus angebracht, unser herkömmliches Verständnis von Nahrung als etwas, das man sich in den Mund steckt, zu erweitern, denn auch unsere Sinnesorgane wurden so geschaffen, daß sie in der Lage sind, »Nahrung« aufzunehmen. In der Tat selektieren sie zum Beispiel die eher begrenzenden Stimulifrequenzen der unendlichen Sinfonie des Lebens aus. Unsere Sinnesorgane überschneiden sich in ihren Funktionen. Es gibt zum Beispiel Menschen, die mit den Handflächen lesen. Die Pupille des menschlichen Auges hat sich im Verlauf von Jahrmillionen auf Lichtabsorbtion spezialisiert. Gleichzeitig ist sie der »Mund« für eine sehr subtile Art von »Nahrung«. Das, was ein Mensch entscheidet, zu fokussieren, aufzunehmen, bestimmt darüber, was er weiterleiten wird.

Umschließt der Ring der Ausdruckskraft die Pupille nahtlos, ist die energetische Dynamik auf »Empfang« fokussiert, auf Zuhören und Beobachten, und auf die Suche nach der Nahrung, mit der sich die Neugier nach dem Verständnis der inneren Lebensprozesse stillen läßt.

Ein solcher Mensch ist mehr an Innenschau, an einer Erfahrung seiner inneren Welt interessiert. Seine Nahrung wählt er so aus, daß sein Drang nach Schaffung einer integrierenden inneren Anordnung der mentalen, emotionalen und spirituellen Körper befriedigt wird.

Beschließt eine nach innen gerichtete Persönlichkeit, diesen Kurs nach innen beizubehalten, etwa weil sie sich vor der Welt »da draußen« fürchtet, werden auf der Seelenebene unbewußte Mechanismen aktiviert. Sie unterbrechen diese Dynamik und bringen Ereignisse und Umstände hervor, die diesen Menschen dazu zwingen, für Ausgleich zwischen seinen Körpern zu sorgen und sich der Welt zu öffnen. Jede Weigerung, die andere Seite bewußt anzunehmen, zieht diese unweigerlich in unser Leben. Oder anders ausgedrückt: Wir ziehen unbewußt immer genau das in unser Leben, was wir vermeiden wollen, weil wir uns, um es zu vermeiden, darauf konzentrieren. Diese adaptive Verhaltensweise kann so extrem sein wie der Widerstand einer Persönlichkeit gegen jede Art von Veränderung.

Die Energien des Menschen, die durch die Pupillen abgestrahlt werden, stehen in direktem Bezug zur Kapazität des physischen Körpers, Energien zu verarbeiten. Jedes Zuviel an Energie wird durch den Pupillenverengerer *(Sphincter pupillae)* zurückgehalten. Schon die leiseste Erweiterung und Kontraktion der Pupille sind ein Hinweis auf eine positive Energiebewegung. Ist jedoch die Pupille zu einem winzigen Pünktchen verengt, das sich kaum mehr erweitert, und ist ferner der Ring der Ausdruckskraft zusammengezogen, dann ist die Aufnahmekapazität dieses Menschen erschöpft. Er weigert sich, zu »verdauen« und zu assimilieren, die alchimistische Magie der Energiemetamorphose zuzulassen. Ein solcher Mensch bildet ein geschlossenes System.

In der homöopathischen *materia medica* kann man das sehr interessante Phänomen beobachten, daß die Wallungen des Magens (Verdauung) ihre natürliche Fortsetzung in denen des Verstandes finden.

Das die Pupille umgebende innere Drittel der Iris steht mit dem Mentalkörper in Verbindung, der in der herkömmlichen Iridoskopie dem Magen-Darm-Trakt entspricht. Der Magen steht direkt mit dem dritten Chakra, dem Solarplexus, einem der abdominalen Gehirne oder Nervengeflechte, in Verbindung, das wiederum zum Kehlkopfchakra in einer dyadischen Beziehung steht. Ein Mensch, der seine Kraft und Macht einer äußeren Autorität überträgt oder übertragen hat, entfremdet sich von der Quelle dieser seiner persönlichen Kraft, die ihn mit den Energiefeldern der Seelenebene verbindet. Diese Trennung erschwert die Verdauung, Assimilierung und Veräußerlichung des Energieinputs der physischen, mentalen und emotionalen »Nahrung«. Außerdem ist es für diesen Menschen extrem schwierig, Zugang zum Kehlkopfchakra zu finden und die täglich aufgenommene sensorische Daten-»Nahrung« in transmutierter Form freizusetzen. Diese Störung kann sich in physischer, mentaler und emotionaler »Verstopfung« manifestieren. Ganz besonders anfällig dafür ist der linkshemisphärische Juwelen-Typ, der sich oft unwürdig fühlt, Sprachrohr seiner inneren Quelle zu sein, selbst wenn er daran arbeitet, immer mehr Wissen und Weisheit zu erwerben. Erst wenn er lernt, wie seine akkumulierten Weisheits- und Wissensschätze zu bergen sind, hört ein solcher Mensch auf, in stummer Hoffnungslosigkeit und Ablehnung der äußeren Welt, die er als hohl und schal erlebt, zu verharren. Sobald er sich auf seine eigene Kraft besinnt und aus ihr zu schöpfen beginnt, sobald er aufhört, diese Kraft anderen, äußeren oder inneren, Autoritäten zu überlassen, wird sich auch allmählich sein Kehlkopfchakra öffnen. Dann kann ihn der Fluß der Energien erneut ungehindert durchströmen. Er wird in dem Maß Meisterschaft erreichen, in dem er sie einfordert. Nutzen Sie Ihre Kreativität, um solche Menschen dabei zu unterstützen, den heilsamen und einzigartigen Weg zur bewußten Öffnung seiner Energiesysteme zu finden.

Singen kann eine der befreiendsten Erfahrungen für nach innen gerichtete Menschen sein, vorzugsweise von einem erhöhten Standpunkt aus, der weite Sicht gewährt. Ihre Liebe und Weisheit »in die Welt hinauszusingen«, buchstäblich oder metaphorisch, ist lebenswichtig für sie. Ein Schlüssel-Mantra ist für diese Menschen jenes »Ich bin, was ich bin«, wenn sie zu den Sternen, zu jenen anderen Autoritäten aufsehen. Yoga-Atemtechniken und andere yogische Übungen helfen, das Solarplexus-Chakra zu öffnen und die »Verdauung« zu befördern.

Viele Schauspieler beispielsweise sind introvertierte Menschen, denen es möglich ist, ihre starken inneren Energien in eine Rolle zu projizieren und auf diesem Weg ihre inneren Dramen auszuagieren, ohne »erkannt« zu werden. Introvertierte Menschen sind wahre Meister im Sich-Zusammenziehen. Sie schaffen sich ihre eigenen inneren Reiche und kapseln sich von der äußeren Welt oft völlig ab.

Ermutigen Sie diese nach innen gerichteten Menschen, täglich etwas zu tun, das weder einer festen Form unterliegt noch dem Eigenkritizismus gehorcht. Von großem Wert sind hierbei Sportarten, die die Grobmotorik verbessern und tiefes, gleichmäßiges Atmen bewirken. Dies hilft dem Introvertierten, seine Furcht gegenüber der äußeren Welt abzubauen, wie umgekehrt der Extrovertierte lernen muß, sich von seinen Vorbehalten gegenüber der inneren Welt zu lösen.

Der nach außen gerichtete Typ

»Das Fehlen konzentrierter Färbung und ein ausgeprägter, die Pupille umschließender Ring lassen auf eine leistungsorientierte Persönlichkeit schließen, die aus sich herausgeht und ihre Gedanken und Gefühle ehrlich zum Ausdruck bringt. Solche Menschen sind aktiv und produktiv, aber zugleich voll Ungeduld und von einer gewissen Zwanghaftigkeit. Sie neigen dazu, sich zu übernehmen. Um Innenschau und Selbstbeherrschung zu erlernen, fühlen sie sich in partnerschaftlichen Beziehungen zu introvertierten Persönlichkeitstypen hingezogen.« (Denny Johnson) (s. Farbt., Abb. 8A/8B)

Wenn der Ring der Ausdruckskraft deutlich sichtbar ist, überprüfen Sie ihn im Hinblick auf seine Symmetrie. Ist er ausgefranst oder glatt, rund oder oval? Ist er auffallend oder nur schwach ausgeprägt? Je runder und glatter er ist, desto ausgewogener und gereifter werden die Energien zum Ausdruck gebracht. Je größer der Abstand zwischen Pupille und Ring, desto extrovertierter ist der Mensch. Wenn der Ring sich zum Beispiel bis in die Mitte der Iris hinein ausdehnt und etwas erhaben und/oder unregelmäßig ausgeprägt ist, können Sie sicher sein, daß Sie einen Menschen vor sich haben, der große Höhen und Tiefen erlebt. Je stärker der Ring expandiert, desto wichtiger ist es für den Betreffenden, die Funktionen des parasympathischen Nervensystems zu befördern und seinen Lebens-Fokus auf Energiezuwachs auszurichten. T'ai Chi oder Aikido können hier zu guten Ergebnissen führen.

Zeigt sich innerhalb des Rings der Ausdruckskraft ein kräftiger weißer Fleck, deutet dies auf einen stark zirkulierenden Energiefluß hin. Ist der Ring selbst weiß und ausgefranst, fällt es diesem Menschen schwer, mentale Energie emotional harmonisch zum Ausdruck zu bringen. In diesem Fall sind für ihn Erdung und Mittung, oder Zentrierung, von großer Bedeutung. Für die nach außen gerichtete Persönlichkeit scheint es entweder nur Depression oder Hochstimmung als Ausdrucksmuster zu geben, besonders wenn es sich bei ihr um eine Blume handelt. Depressionen können hier als eine Maßnahme eines Teils des Unterbewußtseins verstanden werden, einen unkontrollierten Energieausbruch zu verhindern. Dieser Mensch wird förmlich nach innen »gezogen«. In extremen Fällen inszeniert das Unterbewußtsein Unfälle, damit dem physischen Vehikel mehr Pflege und Aufmerksamkeit zukommt, besonders wenn die extrovertierte Person ein Blumen-Mischtyp ist.

In manchen Iriden ist der Ring der Ausdruckskraft extrem ausgedehnt und golden gefärbt, was auf eine extrovertierte Persönlichkeit hinweist, die viele Jahre mit dem Versuch verbracht hat, sich nach innen zu orientieren. Eine extrovertierte Persönlichkeit, die sich der Herausforderung zur Innenschau stellt und die stillen Zeiten innerer Energieerneuerung willkommen heißt, wird ihre sozialen Kräfte, aber auch ihre Träume profunder in der äußeren Welt manifestieren.

Ist die Pigmentierung innerhalb des Rings der Ausdruckskraft dunkel, handelt es sich um einen introvertierten Persönlichkeitstyp; je dunkler, desto introvertierter. Findet sich diese Färbung *außerhalb* des Rings der Ausdruckskraft, so bedeutet dies, daß sein Träger dabei ist, vom introvertierten Verhalten zu einem mehr nach außen gerichteten Verhalten zu kommen.

Ein extrovertierter Blumen-Typ mit rechtshemisphärischer Dominanz ist extrem ausgedehnt, ein linkshemisphärischer, introvertierter Juwelen-Typ extrem verschlossen. Man kann beide, was Expansion und Kontraktion angeht, als Extremfälle der menschlichen Familie ansehen. Handelt es sich um Mischtypen, ist die Intensität ihrer Bewegung, unter dem Aspekt des nach innen oder außen gerichteten Energieflusses betrachtet, auf eine vierte Kraft ausgerichtet.

In dem Maß, wie nach außen gerichtete Menschen Geduld üben und sich selbst Zeiten der Stille gönnen, werden sie die Schönheit ihrer inneren Welt respektieren und damit beginnen, sich ein Zuhause innerhalb ihres eigenen Energiefelds zu schaffen, anstatt ihr Heil stets außerhalb suchen zu wollen. Ihre rege Kommunikation mit der Außenwelt ist zum Gutteil nichts weiter als der Versuch, den inneren Dialog zu vermeiden oder »auf Sparflamme« zu halten. In solchen Fällen wirkt die Erfahrung innerer Stille in der Meditation wahre Wunder und auch das Nachsinnen über die ausgeklügelte Schönheit des Lebens, wie sie sich in einer Blume, einem Blatt oder einem Gesicht manifestiert. Isometrische Übungen sind eine ideale Ergänzung, wie auch Kalligraphie, Bogenschießen, Häkeln, Weben, Schmuckherstellung und dergleichen mehr. Jede Betätigung, die ein hohes Maß an Konzentration auf ein bestimmtes Objekt erfordert und die feinmotorischen Fähigkeiten schult, ist bestens geeignet, um diesem Menschentyp dabei zu helfen, sich ein Energiereservoir anzulegen. In seiner Ernährung sollte er darauf achten, reichlich Protein und Wurzelgemüse zu sich zu nehmen.

Wenn extrovertierte Menschen durch die vertrauensvolle Erforschung der Landschaften ihrer inneren Welt zur notwendigen Balance gekommen sind und ihre Liebe und Energien dort hinfließen lassen, sind sie fähig, ihre eigene unerschöpfliche Energiequelle zu bewahren und ihr Leben ohne so viele Höhen und Tiefen zu gestalten. Vom Ort des inneren Gleichgewichts aus sind sie frei, voller Enthusiasmus weiter ihren Träumen nachzugehen und sie auch zu verwirklichen.

Ring der Harmonie

Dieser Ring ist in der Iridoskopie als lymphatischer Kranz bekannt, denn er steht mit dem Lymphsystem in Verbindung, dem nonvaskulären »Reinigungsnetzwerk« des Körpers. Am häufigsten tritt er bei Strom-Menschen auf. Er ist nahe an der Irisperipherie lokalisiert und besteht aus nebeneinanderliegenden, einen Kreisbogen bildenden Fleckchen, die wie Wattebäusche oder kleine Wolkenfetzen aussehen, und deren Farbe von Weiß bis Dunkelgelb reicht. Je weißer die Ringfärbung ist, desto positiver der energetische Ausdruck des Menschen. Je näher der Ring an der Irisperipherie liegt, desto klarer sind positive beziehungsweise negative Fließeigenschaften zu erkennen.

Der Ring der Harmonie gibt Aufschluß darüber, ob ein Mensch fähig ist, das Leben so, wie er es sieht, auch zu akzeptieren. Akzeptanz und Toleranz oder auch Nachsicht zu erlernen, ist für Menschen mit diesem Merkmal von großer Bedeutung. Wenn jede Energieaufnahme zu einem Kampf wird, der dem relativen Wert sämtlicher sensorischer Inputs nicht mehr adäquat ist, gibt der Ring der Harmonie über die Intensität der inneren Auseinandersetzung Auskunft, desgleichen über die Entscheidungen, die hinsichtlich dieses Kampfes getroffen wurden. Wurde Toleranz geübt und entwickelt, hat der Ring eine ästhetische, klare weiße Färbung. Eine gelbliche oder trübe Färbung ist ein Indiz dafür, daß die betreffende Person völlig in ihrer Sicht von Realität als Überlebenskampf gefangen ist. Nicht selten fühlen sich diese Menschen von dem erbitterten Ringen, das sie um sich herum wahrnehmen, vollkommen überwältigt. Sie erkennen nicht mehr, daß und wie sie selbst zur Aufrechterhaltung dieser Art von Konsensus-Realität beitragen. Menschen mit dem Ring der Harmonie sind geradezu besetzt von ihren überaus hohen sozialen Idealen. Sie sind offen und daher leicht beeinflußbar durch die sensorischen Eindrücke aus ihrer emotionalen und mentalen Umgebung, auch durch unbewußt aufgenommene Eindrücke. Schon vom frühen Kindesalter an brauchen sie Führung, um Selbstvertrauen und Selbstliebe zu lernen. Sie neigen dazu, ihr Bedürfnis nach Harmonie und Balance nach außen zu verlagern, und so ist es für sie schwer, zu erkennen, wer sie wirklich sind, denn die einzige Konstante ihrer äußeren Welt ist die der Veränderung. Äußere Unstimmigkeiten, egal welcher Art, betrachten sie als persönlichen Affront und fühlen sich daran mitschuldig. Ob ihre Eltern permanent im Streit liegen oder ob die Ozonschicht zerstört wird – sie fühlen sich dafür verantwortlich. (s. Farbt., Abb. 9A/9B)

Ein Mensch, in dessen Iriden sich der Ring der Harmonie findet, weiß um seine gewissenhafte Suche nach dem Himmel auf Erden und um sein unausweichliches Angezogensein von allem, was falsch ist, was nicht stimmt – an sich selber, an seinen Mitmenschen, am Planeten. Er wirkt und bewegt sich im Sozialkörper der Menschenfamilie auf ganz ähnliche Weise wie Lymphozyten im Blutstrom. Er ist die lebendige Verkörperung des Axioms, »Das, was man sucht, wird man auch finden«. Solche Menschen saugen jede Disharmonie, die ihren Weg kreuzt, regelrecht ins eigene aurische Feld hinein, dessen Schwingungen auf diese Weise ebenfalls mehr und mehr disharmonisch werden. Wenn diese Menschen lernen, daß die Wirksamkeit einer harmonischen Umwelt proportional zum Grad der eigenen inneren Harmonie wächst, kann es dazu kommen, daß sich ihnen völlig neue Dimensionen des Lebens eröffnen.

Wenn diese Menschen anerkennen, daß sie eigentlich nichts anderes tun, als sich selbst und andere dafür zu verdammen, daß sie sich nicht in Harmonie mit einem idealisierten Zustand an Perfektion befinden, eine Überzeugung, die tief in ihrer Seele verwurzelt ist, dann haben sie auch die Möglichkeit, zu erkennen, daß die *Motive* für ihr Verhalten im Licht-Körper der menschlichen Gemeinschaft wurzeln.

Diese starken und in der Regel überaus kompetenten Menschen können sich manchmal ausgesprochen hartnäckig weigern, ihre Herzen für den Strom der Harmonie in sich selbst zu öffnen. Erklären Sie aber die innere Harmonie zu ihrer Priorität und als nicht länger abhängig von den äußeren Umständen, dann werden sie einen wahrhaft beeindruckenden inneren Zustand von Harmonie erfahren und von pranischer Energie durchflossen sein, die sie mit Weisheit und Kraft zu nutzen wissen.

Diese Menschen absorbieren eine Unmenge von Energieemanationen und zeigen dabei die Tendenz, sich auf Negatives in ihrer Umwelt zu fixieren, die sie dann innerlich aufzulösen versuchen. Diese Neigung zeigt sich noch verstärkt bei einem Strom-Menschen mit einem Ring der Harmonie. Es kommt auch vor, daß Menschen mit diesem Ring ihre ursprüngliche Mission vergessen, die darin besteht, zu vergeben und zu lieben, daß sie zynisch werden und sich von ihren Mitmenschen abkapseln. Oft reagieren diese Menschen zudem ganz körperlich allergisch auf ihre Umwelt, ausgelöst durch ein geschwächtes Immunsystem, oder sie lehnen ein bestimmtes soziales Verhalten, eine Rasse oder eine Kultur ab.

Je dunkler die Färbung des Rings ausfällt, desto pessimistischer, kompulsiver, obszessiver und toxischer ist die manifestierte Energie. Erkrankt ein solcher Mensch und überlädt er sich auf diese Weise mit Negativität, kann er wie kaum ein anderer die positive Lebenssicht seiner Mitmenschen untergraben. Klärt er aber seine Energiefelder, wird ihm jedermann Vertrauen schenken und bei ihm Rat suchen. Warum? Weil Menschen mit einem Ring der Harmonie jene anziehen, die ihn brauchen, bewußt oder unbewußt. Sie sind die Heiler in der menschlichen Familie. Wenn diese Personen in der Mitte des Medizinrads des Lebens zentriert sind, oder, wie es die alten Ägypter nannten, in der Intelligenz ihres Herzens, manifestieren sie die spirituelle Dynamik der vollkommen ausbalancierten mentalen, emotionalen und physischen Körper und haben einen machtvollen Einfluß auf ihre Zeitgenossen. Ihre Gegenwart ist ein unglaubliches Geschenk, egal was sie tun oder wo sie sich aufhalten – wenn sie zulassen, daß der Strom des Lebens ungehindert durch sie hindurchfließt und auf ihre weise innere Führung vertrauen. Sobald sie lernen, sich zu zentrieren und zu klären, nehmen sie auf ihre Umgebung einen ebenso großen Einfluß, wie diese zuvor sie beeinflußt hat.

Ermutigen Sie diese Menschen dazu, so oft wie möglich zu singen und zu lachen. Die Meditation wird ihnen helfen, die eigenen inneren erstarrten Strukturen der Manipulation und Kontrolle aufzubrechen, die den Fluß der Energien behindern. Glocken, Glockenspiele und A-cappella-Kinderchöre bieten wunderbare Klänge, die bei der Auflösung desintegrierter, verfestigter Denkstrukturen ebenfalls wertvolle Dienste leisten.

Sensitivitätsringe

Diese Strukturen sind in der herkömmlichen Irisdiagnostik als Kontraktions- oder Krampfringe bekannt. Es handelt sich dabei um Verengungen in den Irisfasern, die auf Blockaden in der Muskulatur und im Nervensystem hindeuten. Es können vollständige konzentrische Kreise oder Kreisbögen sein. Je zahlreicher und ausgeprägter sie sind, desto sicherer lassen sich Eigenschaften beobachten. (s. Farbteil, Abb. 10A/10B)

Menschen, deren Iriden diese Ringe aufweisen, haben stets mehrere Projekte gleichzeitig in Arbeit. Sie sind von dem Drang beseelt, Greifbares zustande zu bringen, Ergebnisse in einer Welt zu erzielen, die sich voller Faszination mit den Auswirkungen der Gravitationskraft und anderer begrenzender und begrenzter Gesetzmäßigkeiten beschäftigt. Theoretisieren befriedigt diese Menschen nicht, ihr erklärtes Ziel heißt Manifestation. Um ihre ständig aktiven mentalen Energien freizusetzen, müssen sie *handeln.* Tiefe Entspannung fällt ihnen schwer, sie brauchen ein Mindestmaß an Streß, um sich wohl zu fühlen. Nichts geht ihnen schnell genug. Sie sind intuitiv, angespannt und wachsam. Verbale Reibereien mögen sie ebensowenig wie seichten Humor, denn sie wollen keine Falstaffs sein, sondern unbedingt seriös.

Gern greifen sie zu Stimulantien wie Süßigkeiten, Alkohol und Koffein, um ihren »Biß« nicht zu verlieren, übertreiben es dabei aber allzu oft und werden zwischen ihrem enormen Drang zu kreativem Handeln und ihrem Wunsch nach Ruhe aufgerieben. Schon relativ früh im Leben gewahren sie die Diskrepanzen im Reden und Handeln vieler ihrer Mitmenschen. Immer wieder machen sie diese für sie schmerzliche Erfahrung auch mit den Autoritätspersonen in ihrem Leben. Und, daß auch ihre unbewußte Körpersprache etwas völlig anderes ausdrückt als ihre Augen, bedeutet vielleicht die Wiederkehr jener verinnerlichten Erfahrung von Widersprüchlichkeit in visueller, akustischer und kinästhetischer Hinsicht. Die Tiefe der Furchen in ihren Iriden deutet auf die Tiefe des Konflikts hin, mit dem sich auszusöhnen ein wichtiger Aspekt ihrer Umtriebigkeit ist. Es wäre durchaus denkbar, daß sie die wahren Vorreiter einer neuen Wurzelrasse sind, mit neuem genetischen Material und neuen Gaben und Fähigkeiten, die der dahindämmernden Menschheit dabei helfen können, eins zu werden. Menschen mit diesen Ringen verspüren in sich den starken Wunsch, den augenblicklichen larvenähnlichen, immobilen Bewußtseinszustand zugunsten eines synergistischen, erwachten aufzugeben, in dem all ihre göttlichen Gaben integriert sind.

Sensitivitätsringe sind eine Helix, ein Energiewirbel, der fortwährend nach Freisetzung sucht. Menschen mit Sensitivitätsringen laufen auf Hochtouren. Sie sind bestrebt, ihre evolutionäre Entwicklung auf jede nur erdenkliche Art und Weise zu beschleunigen. Angetrieben von der Energiespirale in ihrem Innern, bewegen sie sich mit holographischem Gewahrsein durchs Leben, im Gegensatz zu ihren weniger getriebenen, sich mehr linear bewegenden Zeitgenossen.

Es ist für diese Menschen wichtig, sich sehr harmonische, synergistische sensorische Erfahrung zu verschaffen. Sie müssen sich in die Lage bringen, ihre Energiefelder zu harmonisieren und zu einen, um sich durch sie ausdrücken zu können. Dazu eignen sich Atemtechniken, Massagen, wie zum Beispiel Rolfing, Aerobic, Rebirthing, mit Aromatherapie kombinierte Meditation, aber auch sanfte New-Age-Musik oder der Aufenthalt in einem Isolationstank, die Arbeit mit einem Elektroenzephalographen und so weiter. Diesen Übungen liegt die Idee zugrunde, inmitten einer gleichmäßigen sensorischen Überladung einen freien, unabhängigen Bezugspunkt zu schaffen. Alle Sinne müssen einbezogen sein, alle müssen die Erfahrung vereinter Interaktion machen können, damit diese Menschen sich zu einer höheren Oktave des Einsseins hinentwickeln können. Die genannten Übungen bewirken eine tiefgreifende Heilung; gestörte Funktionen werden normalisiert, die Nervensysteme synchronisiert. Wenn die Dissonanzen im Zusammenspiel von visuellen, akustischen und kinästhetischen Nervenfunktionen geheilt sind, verfügt die Persönlichkeit, die Sensitivitätsringe ihr eigen nennt, über ein verläßliches Leistungspotential. Vor allem dann, wenn ein weiteres Merkmal, der sogenannte Ring der Berufung, vorhanden ist.

Ring der Berufung

Eine weitere Bezeichnung für den Ring der Berufung ist »Schorfreif«. Er ist an der Irisperipherie lokalisiert und stellt das neurooptische Projektionsfeld der Haut dar. Seine »Eigentümer« sind sehr offene und in ihrem Streben nach Realisierung aller Wege und aller Entscheidungen, von denen sie fühlen, daß sie vor ihnen liegen, interessierte Menschen. In der Tat spüren solche Menschen, daß sie wahrhaft viele Wahlmöglichkeiten im Leben haben – und genau das ist auch ihr Dilemma. Aus Angst davor, falsche Entscheidungen zu treffen, oder von der Vielfalt der Chancen verwirrt, kommen sie häufig zu keiner wirklichen Entscheidung, denn schließlich möchten sie sich all die anderen Möglichkeiten nicht verbauen. Dieser Zustand kann zu Perioden lähmender Frustration führen, die so lange anhalten, bis diese Menschen ihren inneren Konflikt gelöst haben. Sind sie dann aber im Gleichgewicht und zu einem vertieften Verständnis gekommen, verfügen diese gewöhnlich sehr begabten Menschen über eine enorme Tatkraft. Sie fühlen sich dazu ausersehen (und sie sind es), als Kinder des Göttlichen mit einer besonderen Absicht in dieser Welt zu sein.

Die Herausforderung besteht für sie darin, ihre Emotionen und ihre zwanghafte Ängstlichkeit dem kinästhetischen Reich der Erfahrung anzuvertrauen, das frei ist von lähmenden Hemmungen. Videospiele sind für sie von großem therapeutischem Wert, denn sie erlauben ein spontanes, ungehindertes Fließen. Feinmotorisches Geschick zu entwickeln, hilft ihnen, zwischen Emotionalkörper und kinästhetischem Körper zu vermitteln. Bürstenmassagen, Saunabesuche und häufiges Baden sind ebenfalls segensreich. (s. Farbt., Abb. 11A/11B)

Ring der Perfektion

Der *Musculus sphincter pupillae*, oder Pupillenverengerer, wie der Perfektionsring anatomisch bezeichnet wird, ist ein in das *Stroma iridis* eingebetteter Ringmuskel, der die Verengung der Pupille bewirkt. Für gewöhnlich liegt er geschützt in das weiche, blutgefäßreiche Stroma eingebettet und ist mit dem bloßen Auge nicht zu erkennen. Wenn er sichtbar ist, hilft das Wissen über das folgende Persönlichkeitsprofil seinen Besitzern, sich selbst kennenzulernen und sich in der eigenen Essenz anzunehmen. (s. Farbt., Abb. 12A/12B)

Der Perfektionsring hat normalerweise eine symmetrische Struktur und umgibt die Pupille wie ein »Heiligenschein«. Die Färbung variiert von Weiß über Rosa bis hin zu Grau und Braun. In ihm ist die Blaupause für die ätherische Vervollkommnung bewahrt. Ist dieser Ring stark ausgeprägt, können wir es mit einem nervösen und unentschlossenen Charakter zu tun haben, den nur eine dünnwandige Membran vor der Lawine sensorischen Inputs schützt, die durch die Augen ununterbrochen ins zentrale und autonome (vegetative) Nervensystem geleitet wird. Diese filigranen Menschen haben häufig Probleme damit, sich zu erden. Sie fühlen sich allem schutzlos ausgesetzt und in jeder Hinsicht verletzlich. Es erscheint ihnen sicherer, sich an der Peripherie ihrer Lebenserfahrungen aufzuhalten. Zugleich sind sie Perfektionisten und äußerst akribisch, nach dem Motto: »Entweder mache ich es richtig oder gar nicht.« Diese Entscheidung ist für diesen Persönlichkeitstyp ein Mechanismus seiner Erdung, der ihm das Gefühl gibt, mit der dreidimensionalen Realität auch wirklich verbunden zu sein.

Menschen, bei denen dieser Ring sichtbar ist, verfügen über die

Gabe großer Offenheit und manchmal auch über die Furchtlosigkeit, dem Universum zu erlauben, durch sie hindurchzufließen. Sie können von einem fast kindlichen Vertrauen in das Universum erfüllt sein. Wenn sie erwachen, werden sie auf allen Seinsebenen eine absolute Intimität mit allen Aspekten des Universums zulassen. Sie können die innere, offenbarende Erfahrung der Unbegrenztheit verkörpern. Im nicht erwachten Zustand, mit seinem Mangel an Gewahrsein, fürchten sie allerdings jegliche Intimität und errichten dagegen Barrieren. Wenn Sie bei einem Perfektionsring-Menschen einen Ring der Entschlußkraft antreffen, verrät Ihnen das, je nach Ausdehnung dieses Rings, wie sehr dieser Mensch sich davor fürchtet, »entdeckt« zu werden.

Menschen mit dem Perfektionsring weisen häufig Blumen-Strukturen auf; in dieser Kombination verstärken sich die Blumen-Eigenschaften. (Näheres dazu in Kapitel zwei.) Häufig manifestieren sie auch die ursprünglichen Eigenschaften einer linksdominanten Persönlichkeit; sie suchen sich zum Beispiel Tätigkeiten, die einen Blick fürs Detail erfordern. Solange sie nicht im Gleichgewicht und in allen Körpern zentriert sind, haben *diese* Perfektionsring-Persönlichkeiten Schwierigkeiten mit Rechtshirn dominierten Aktivitäten, was ihre Grundstruktur noch mehr festigt und ausweitet. Ihre Energiesysteme sind so gespannt und empfindlich, daß sie das Leben auf diesem Planeten als äußerst rauh und hart erfahren. Ist der Perfektionsring asymmetrisch, kann man vermuten, daß dieser Mensch geistig, körperlich oder seelisch mißbraucht wurde. Ist der Ring symmetrisch, und tritt er zusammen mit dem Ring der Ausdruckskraft auf, haben Sie es mit einem Menschen zu tun, der sich im beständigen Gleichgewicht befindet.

Für den Perfektionsring-Typ ist eine proteinreiche Ernährung wichtig. Sie hilft ihm, sich zu erden und mit dem augenblicklichen Realitätsmodell, das dieser Planet repräsentiert, in Beziehung zu treten. Tiefe Nasenatmung und viel Ruhe helfen ihm, sich in seinem physischen Vehikel zu zentrieren. Für seine Entwicklung ist es wichtig, das Solarplexus-Chakra zu stärken, beispielsweise durch T'ai Chi, Chi Gung oder auch Karate. Nur so kann er seine ätherische Präsenz auf diesem Planeten bewahren. Wenn es Ihnen gelingt, eine Modalität zu finden, die ihm hilft, sein Leben zu strukturieren, können Sie ihm einen großen Dienst erweisen.

Ring der Entschlußkraft

Dieser weiße, opalisierende Ring am Außenrand der Iris wurde mit verschiedensten Namen bedacht: Sodiumring, Calciumring, Arteriosklerosering und lymphatischer Konstitutionsring sind nur einige der iridoskopischen Bezeichnungen. So unterschiedlich die Namen auch sein mögen – Menschen mit diesem Ring weisen ziemlich übereinstimmend das folgende Persönlichkeitsprofil auf.

Zunächst einmal sind es ungemein entschlossene und in bestimmten Wesensaspekten sehr unflexible Menschen. Bei ihnen hat ein »Verkalkungsprozeß« der lebenswichtigen Kraft »Schutz und Bewahrung« eingesetzt. Dies äußert sich in ihren Verhaltensweisen: manchmal in ihrem Manierismus, ihrer Gekünsteltheit, manchmal in scheinbarer Nachgiebigkeit und Rücksichtnahme oder auch in Gönnerhaftigkeit. Für gewöhnlich sträuben sich solche Menschen gegen Veränderungen jeglicher Art, mit Ausnahme jener, von denen sie fühlen, daß sie ihnen eine Art Zuflucht bieten. Sie spielen überzeugende Tyrannen, eine Rolle, die Teil des Schutzschildes ist, dieser Mauer von Selbstgerechtigkeit und Tugendhaftigkeit, mit der sie sich umgeben, um ihr verletzliches Inneres zu schützen. (s. Farbt., Abb. 13A/13B)

Der Ring der Entschlußkraft hält Energien zurück, schließt sie regelrecht ein, damit sie nicht verlorengehen. Oft sind Menschen mit diesem Ring extrovertierte Misch- und/oder Blumen-Typen und weisen zusätzlich einen Ring der Perfektion auf. Es ist sehr wahrscheinlich, daß sie in ihrer Jugend offene, unschuldige Wesen waren, in deren Geschichte sich ein oder mehrere traumatische Erlebnisse finden, in denen sie verleugnet und erniedrigt wurden. Entmutigt und desillusioniert, stehen sie nun ihrer positiven Entwicklung selbst im Weg. Hinter den kristallinen Mauern dieses Persönlichkeitstyps verbergen sich oft tiefer Kummer und eine qualvolle innere Verwirrung.

Aus diesen Gründen hält das Unterbewußtsein dieser Menschen es auch für nötig, die Lebenskraft zu konservieren, und schaltet zu diesem Zweck die Energiedynamik von Gehirn, Kreislauf, Skelett und Muskulatur auf Sparflamme, so daß diese Menschen sich emotional, mental und physisch schwach und wenig mobil fühlen. Dieses »Bollwerk« bricht aber wie ein Kartenhaus in sich zusammen, wenn solche Naturen zu einer inneren persönlichen Gewißheit finden und zu dem spirituellen Gewahrsein, daß nur im Licht wahre Zuflucht gefunden werden kann. Die Heilung der physischen Symptome, über welche der Ring der Entschlußkraft auch Aufschluß gibt, beginnt, sobald die betreffende Person Vertrauen in die Zuverlässigkeit ihres Größeren Selbst gewinnt und sich sicher, geborgen und geführt weiß.

Ring der Unsterblichkeit/ Hoffnungslosigkeit

Die Iridoskopie kennt diesen Ring als Neurasthenikerring oder Krause. Seine Färbung variiert von rot bis braun, und er umschließt die Pupille ganz oder teilweise. Die Krause ist der einzige mit bloßem Auge sichtbare Teil des zentralen Nervensystems. Ihre Aufgabe ist es, den Lichteinfall in die hintere Augenkammer zu verhindern, wo die Retina, die Netzhaut, lokalisiert ist. So wird der Lichtfokus da gehalten, worauf er sich gerade ausgerichtet hat.

Die symbolische Bedeutung dieses Rings liegt darin, daß er verdeutlicht, wie ein Mensch die Quelle seines Lebensstroms in dieser Welt umrundet. Die Pupille ist der vollkommenste sichtbare Ausdruck der Seelenenergien. Dieser spezielle Ring nun deutet aber eher auf eine Mauer als auf eine Öffnung zum innersten Wesen des Seins hin. Sein Name hat mit der Einstellung des Egos, des Politischen Selbst, zu seinem Seelen-Körper zu tun. Dieser Ring kann als eine Abschirmung gegen das Verschmelzen mit den Absichten der Seele verstanden werden. Menschen mit diesem Ring zeigen, daß sie sich vor einer tieferen Verbindung mit dem Größeren Selbst fürchten, wobei die Furcht darin besteht, daß ihnen die Erleuchtung, das wahre Wissen, versagt bleiben könnte. Der Ring der Unsterblichkeit/Hoffnungslosigkeit illustriert das Verhaftetsein an den Wunsch nach Unsterblichkeit, sei es als direktes Ziel, das man zu erreichen hofft, oder als etwas Unerreichbares. Ein Verhaftetsein verhindert aber das Verschmelzen der Körper des Menschen mit den Absichten der Seele. Dieser Ring kann als ein Ring der Angst angesehen werden und findet sich bei Menschen, die sich ihrem eigenen Prozeß der *Seelenverschmelzung* widersetzen. Er deutet auf eine der größten Herausforderungen hin, der ein Mensch in seinem Leben begegnet, wenn er willens ist, sich oder sein Leben der Erfahrung des endgültigen Erwachens oder der Erleuchtung anzuvertrauen. Es ist die Herausforderung, Infinites und Finites gleichzeitig zu realisieren, das Mysterium des Eins-Seins mit und in allem.

Wenn jemand nicht im Zustand der Unschuld der reinen Motive, die Vereinigung mit der Quelle allen Seins anstrebt und akzeptiert, daß sie schon immer in ihm gegenwärtig war, wird er nach eitlen, selbstsüchtigen Motiven Ausschau halten. Wenn dieser Ring auffallend sichtbar ist, sollte die Beziehung zwischen Kosmos und Selbst mit viel Feingefühl erforscht werden.

Die Pupille

Hinter der Pupille, der Pforte zu den unermeßlichen inneren Reichen des kollektiven Unbewußten, zum Baum des Lebens, dem zentralen Nervensystem, befindet sich ein universaler Vektorpunkt jenseits allen Vorstellungsvermögens, der als letztendliche Quelle alle Informationen bezüglich allen manifesten Seins enthält. Die Iris ist ein Display, eine Projektionsfläche für Informationen, die in und hinter der Pupille enthalten sind. Wenn die Pupille glänzend, ungetrübt und symmetrisch ist, sind die inkarnierten Körper in bester Form. Ist sie asymmetrisch, wird die Symmetrie sich wieder einstellen, sobald die Themen, die Problemstellungen geklärt wurden, seien sie nun physischen, mentalen oder emotionalen Inhalts. In der Regel ist es so, daß alle drei Vehikel an einer evidenten Asymmetrie der Pupille beteiligt sind.

Die Pupille gibt Aufschluß darüber, wie ein Mensch sich zwischen Expansion und Kontraktion ausbalanciert, über die Beziehung von parasympathischem, sympathischem und zentralem Nervensystem. Eine Pupille, die meistens verengt ist und sich nur selten erweitert, ist ein deutlicher Hinweis darauf, daß das parasympathische Nervensystem überlastet ist.

Subtile Energien fließen simultan vom Ziliarrand, dem Außenrand der Iris, in die Pupille und von der Pupille zur Peripherie der Iris. Das Auge ist ein Symbol für den Brunnen des Lebens, und die Strukturen der Iris enthüllen Einzelheiten über den Energiehaushalt des feinstofflichen Körpers in dieser Inkarnation. Dieser nie versiegende Energiefluß zirkuliert ununterbrochen durch alle lebenserhaltenden Systeme eines Menschen, und zwar als Helix, als Doppelhelix genauer gesagt.

Der Informationsgehalt der Helix korreliert mit dem von DNA/RNA; er ist im Energiefeld des Größeren Selbst gespeichert und in das inkarnierte Selbstbild hineinprojiziert.

Es ist nicht übertrieben, zu behaupten, daß die Augen eines jeden Menschen Mandalas sind, die ihm seinen ganz persönlichen Weg zeigen, seine Schönheit, seine göttlichen Gaben, und die ihn befähigen, durch diese Welt zu reisen. In dem Maß, wie wir das Vertrauen der Menschen in ihre Gaben und die ihnen innewohnende Weisheit stärken, werden wir mehr und mehr gesunde und strahlende Menschen um uns herum sehen, die sich dem Leben vertrauensvoll stellen. Jeder von uns wird vom Licht in vollkommener Weise geleitet. Wenn wir zu dieser Vollkommenheit erwachen, uns ihr bewußt öffnen, wird unser Bewußtsein, befördert durch Hilfsmittel wie der Spirituellen Irisanalyse, eine höhere Bedeutungsoktave im verstehenden Selbst erreichen.

Kapitel fünf

Die Iris-Tafeln und Modelle

Spirituelle Iris-Tafel

Entwickelt von
Jeremiah & Catherine Weser

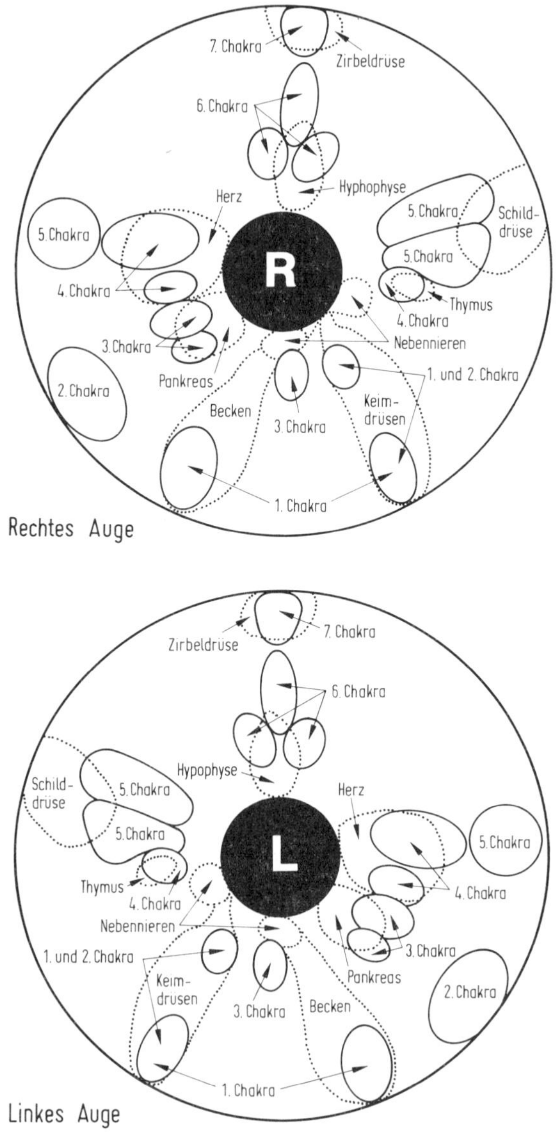

Rayid-Modell
Die drei klassischen Iris-Typen

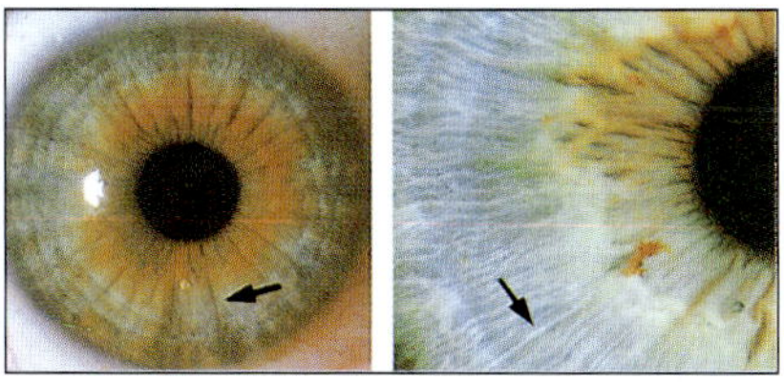

STROM
kinästhetisch

Als *Ströme* bezeichnet man subtile Abstufungen im Fasergewebe der Iris, das strahlenförmig (entweder geradlinig oder geschwungen) von der Pupille zur Irisperipherie verläuft. Strom-Persönlichkeiten sind *körperlich sensibel* und energisch und von subtiler Gestik. Sie lieben Ausrufe wie »Das ist rührend!« oder »Das verblüfft mich!« und »Hmmmm!«. Sie sind intuitiv und lernen unbewußt am besten durch *Erfahrung und Berührung*. Sie fühlen sich zu Juwelen-Blumen-Persönlichkeiten hingezogen.

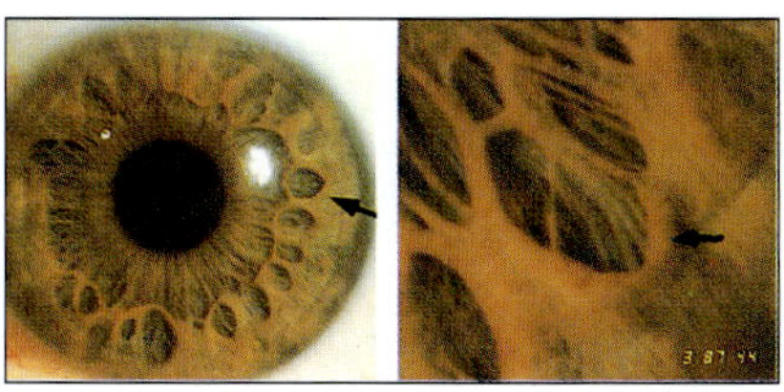

BLUME
emotional

Als *Blumen* bezeichnet man die runden Öffnungen im Fasergewebe der Iris. Blumen-Typen sind *emotional* und spontan, und so reagieren sie auch auf das Leben. Sie lieben Ausdrücke wie »Ich sehe...« oder »Stell dir das vor...« und »Oooohhh!«. Sie nehmen Eindrücke visuell auf, kommunizieren mit großzügiger Gestik und lernen unbewußt am besten, wenn sie *akustisch* instruiert werden. In partnerschaftlichen Beziehungen fühlen sie sich zum Juwelen-Menschen hingezogen.

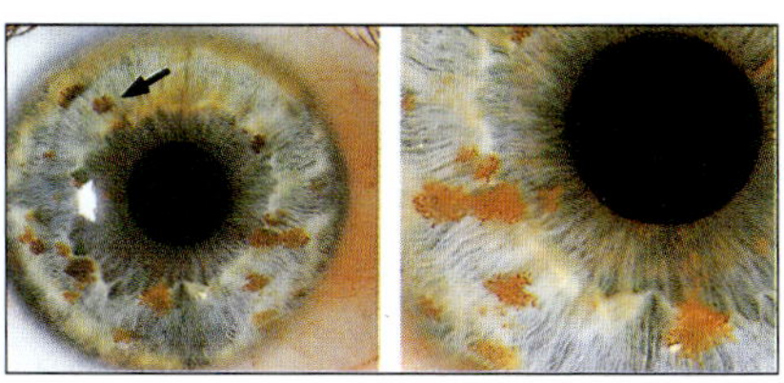

JUWEL
mental

Als *Juwel* bezeichnet man die punktförmigen Einschlüsse, deren Farbskala von einem hellen Goldton über Braun bis hin zu Schwarz reicht. Juwelen-Persönlichkeiten reagieren auf *Klänge* und sind analytische Denker. Gerne gebrauchen sie Formulierungen wie »Ich denke...«, »Ich höre...« und »Aaahhh!«. Diese intellektuellen Menschen setzen physische Gesten nur sparsam ein, und sie lernen unbewußt am besten, wenn sie *visuell* instruiert werden. In partnerschaftlichen Beziehungen fühlen sie sich zum emotionalen Blumen-Typ hingezogen.

Rayid-Modell
Dominanz und Ausrichtung

Hemisphärische Dominanz

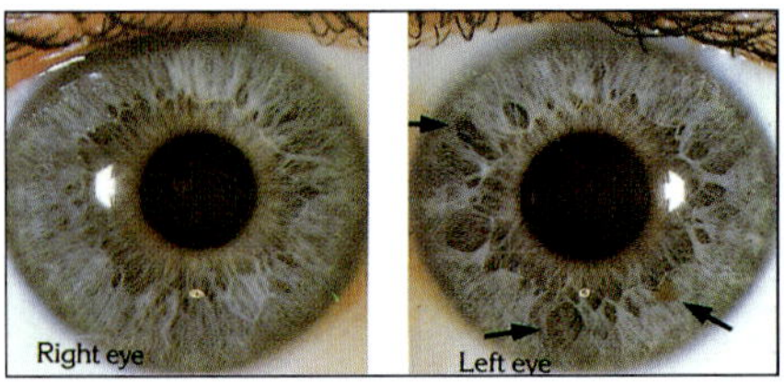

Vergleichen Sie das rechte Auge mit dem linken. Die Iris mit der intensiveren Färbung und der größeren Anzahl von Merkmalen gehört zum dominanten Auge. Die Dominanz des rechten Auges ist ein Hinweis auf eine engere Beziehung zum Vater und auf die Tendenz, im Schlaf hauptsächlich auf der rechten Seite zu liegen. Menschen, bei denen das linke Auge dominant ist, schlafen dagegen vorzugsweise auf der linken Seite und haben meistens eine bessere Beziehung zur Mutter. Sie sind *fließende* und *umgängliche* Wesen. Menschen mit einem dominanten rechten Auge sind *strukturiert* und *organisiert* und stellen mehr Fragen. Menschen mit dominantem linken Auge fühlen sich in partnerschaftlichen Beziehungen zu Menschen mit dominantem rechten Auge hingezogen.

Ausrichtung

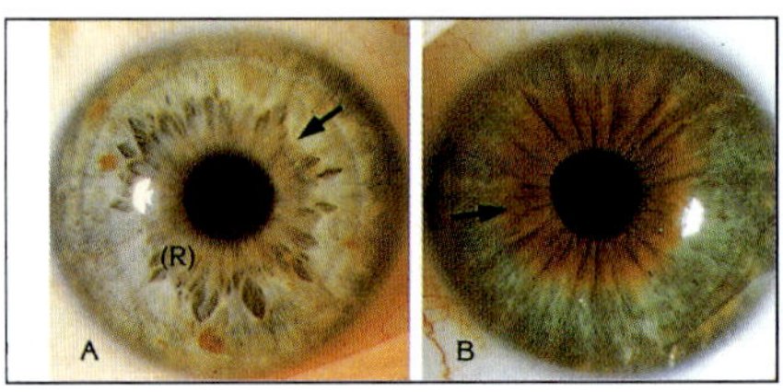

Das Fehlen einer Gold- oder Braunfärbung nahe an der Pupille und das Vorhandensein eines »Rings der Ausdruckskraft« (A) sind Hinweise auf einen *extrovertierten* Menschen (T), der ausgesprochen aufrichtig, sozial orientiert und von Natur ein *Erfolgsmensch* ist.

Wird die Pupille von einem goldenen oder braungefärbten Ring umschlossen, ist dies ein Hinweis auf einen *introvertierten* Menschen (B) mit einer verinnerlichten *Sensibilität* und *Weisheit*, die zum Ausdruck gebracht werden muß. Je ausgeprägter die Introvertiertheit, desto intensiver und dunkler erscheint die Färbung, während das Verhalten scheinbar das einer extrovertierten Person ist. Bei extrem introvertierten Menschen ist der Ring der Ausdruckskraft nicht ausgebildet. Introvertierte und Extrovertierte ziehen sich gegenseitig an.

Rayid-Modell
Persönlichkeitsmuster

Das Rayid-Modell ist ein einzigartiges System zur Bestimmung genealogisch bedingter Verhaltens-, Kommunikations- und Beziehungsmuster, wie sie sich in den Strukturen der Iris zeigen. Die Grund- oder Kernstruktur einer Persönlichkeit setzt sich primär aus drei Komponenten zusammen: der *mentalen*, der *emotionalen* und der *physischen* Komponente. Diese werden durch *akustische, visuelle* und *kinästhetische* Kommunikationsmodi ausgedrückt. Jeder Mensch bedient sich aller drei Modi, und die Iris gibt Aufschluß darüber, welcher dominiert. Jede der folgenden einzigartigen Kombinationen von Merkmalen verdeutlicht, wie die Persönlichkeit sich manifestiert und ihre Beziehungen eingeht. Werfen Sie einen Blick ins Innere und entdecken Sie, was die Augen offenbaren.

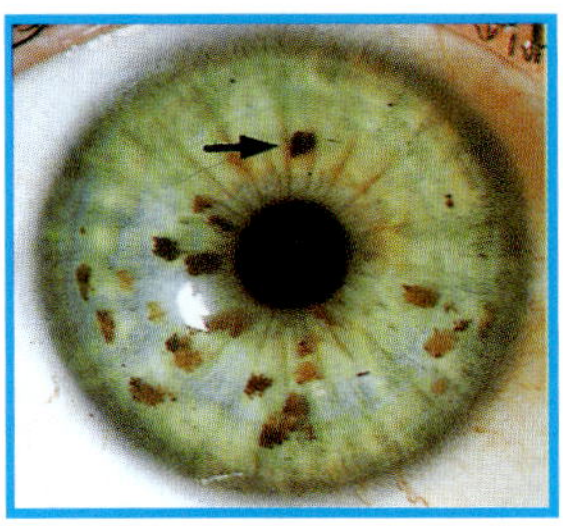

Der mentale Typ Juwel

Punktförmige Pigmentierungen in der Iris weisen auf einen intellektuellen Menschen hin, einen *Denker,* der seine Wahrnehmungen und Gefühle durch *analytische* Gedankenprozesse filtert. Er tendiert zur Selbstkontrolle und dazu, auch andere Menschen und Situationen zu kontrollieren. Er kommuniziert verbal und sehr präzise, bleibt dabei sachlich, zeigt nur wenig Emotionen und geht mit Gesten äußerst sparsam um. Oft angespannt, finden diese *besonnenen,* ruhigen Personen Freude daran, sich Ziele zu setzen und sie auch zu erreichen. Ihre Fähigkeit zu konsequentem Denken, gepaart mit einem Gefühl für Details, und ihr sicheres Auftreten prädestinieren sie als Führungskräfte, Wissenschaftler oder Lehrer. Der mentale Typ lernt am besten auf *visuellem* Weg. In partnerschaftlichen Beziehungen fühlt er sich zu emotionalen Persönlichkeitstypen hingezogen, die sein Bedürfnis nach *Befreiung,* nach Erlösung und nach einer langfristigen Beziehung befriedigen.

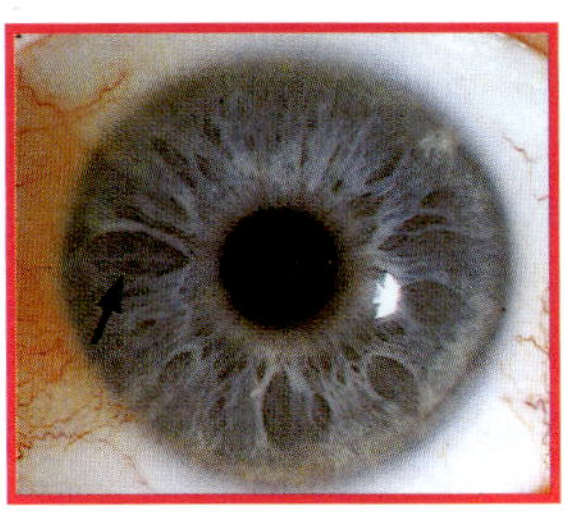

Der emotionale Typ Blume

Ausgeprägte runde oder ovale Öffnungen im Fasergewebe der Iris weisen auf *emotionale* Typen hin. Sie erfahren das Leben mit Leidenschaft und Anmut durch die Empfindsamkeit ihres Herzens. Ihre angeborene Flexibilität und *Spontaneität* ermöglichen es ihnen, leichter mit den sozialen Gegebenheiten zu fließen. Sie verstehen es, *visuell* äußerst lebendig und expressiv zu kommunizieren, und finden Vergnügen daran, im Rampenlicht zu stehen. Sie leben den Augenblick, daher sind ihr Interesse an einer Sache und ihr Enthusiasmus oft nur von kurzer Dauer. Ihre Kreativität schöpft aus dem Vollen, und man findet sie in künstlerischen Berufen, als Maler und Musiker, oder auch als Ingenieure. Der emotionale Typ lernt am leichtesten auf *akustischem* Weg. Um die Lektion der Selbstbeherrschung zu lernen und um eine langfristige Beziehung einzugehen, fühlt er sich in partnerschaftlichen Beziehungen zu mentalen Persönlichkeiten hingezogen.

Juwel	—	mental
Blume	—	emotional
Strom	—	kinästhetisch
Mischtyp	—	extremistisch

Strom/Juwel	—•—	kinästhetisch/mental
Strom/Blume	—•—	kinästhetisch/emotional
Mischtyp/Juwel	—•—	extremistisch/mental
Mischtyp/Blume	—•—	extremistisch/emotional

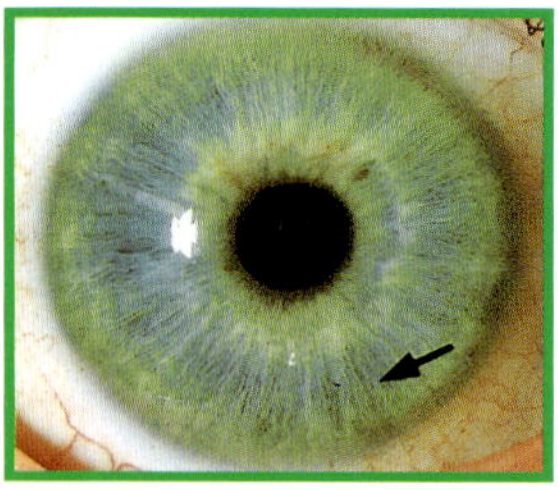

Der kinästhetische Typ Strom

Einheitliche Faserstruktur mit subtilen farblichen Abstufungen; *physisch* orientierte Menschen; nehmen das Leben durch die sensorische Erfahrung ihrer Körper wahr und integrieren auch so. Wahres Einfühlungsvermögen; helfen anderen und *balancieren* sie aus. Intuitiv geerdet; vermitteln und vereinen Extreme. Hypersensible Ströme fühlen sich schnell hilflos und überwältigt. Ihre natürliche Art der Kommunikation ist *Berührung/Bewegung* (Sportler, Tänzer, Gesundheitswesen/öffentlicher Dienst). Lernen durch *Hören/Sehen* und *Nachahmen*. Fühlen sich in ihrem Bedürfnis nach *Ausdehnung* in BP zum Mischtyp hingezogen.

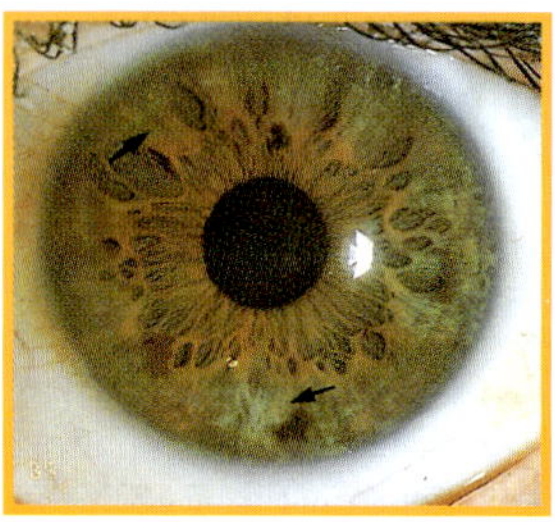

Der extremistische Typ, Mischtyp

Gesprenkelte Pigmentierungen und runde Öffnungen in der Faserstruktur der Iris; vereint mentale und emotionale Merkmale und Kommunikationsmodi in sich. Dynamische, progressive Menschen; wagen es, die Grenzen konventionellen Denkens und Handelns zu überschreiten; Einsatz für Veränderungen und Innovationen; oft übertrieben eifrig. Getrieben, etwas zu leisten, dabei aber noch nicht geerdet, erfahren sie Zyklen des Erfolgs und des Mißerfolgs. Verschreiben sich gern einer bestimmten Sache; sind für Abenteuer aufgeschlossen und glänzen als Erfinder, Forscher und unermüdliche Motivatoren. Sie lernen durch *Berührung/Bewegung*. In ihrem Bedürfnis nach *Gleichgewicht* fühlen sie sich in partnerschaftlichen Beziehungen zu kinästhetischen Persönlichkeiten hingezogen.

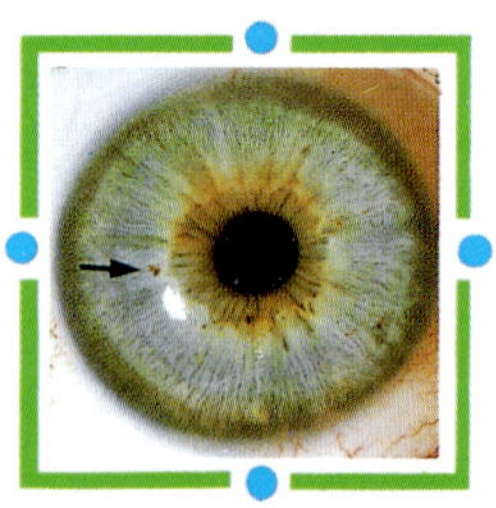

Strom/Juwel

Eine kinästhetische Grundstruktur mit wenigen oder sehr kleinen Pigmentsprenkeln (Juwelen): verstärkt *mentale* Tendenzen. Es sind *sensible,* zugleich aber *wachsame* und klar denkende Menschen, die Gleichgewicht und Stabilität schaffen. Sie nehmen aufrichtig Anteil, finden trostreiche Worte und Gesten, verfügen über eine kontrollierte Körpersprache, weiten ihre Präsenz aus und vermitteln so ein Gefühl der Sicherheit. Wenn sie lernen, Dinge *zuzulassen,* wird es für sie leichter sein, die mentalen Bürden ihrer Mitmenschen mitzutragen. BP – Blume/Mischtyp

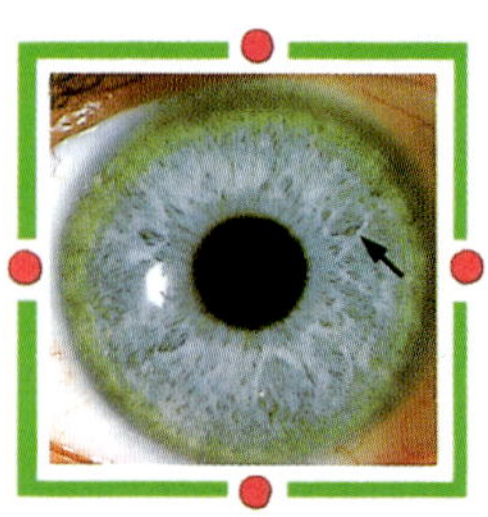

Strom/Blume

Eine kinästhetische Grundstruktur mit ein paar runden/ovalen Öffnungen oder wellenförmigen Fasern: verstärkt *emotionale* Merkmale der Strom-Persönlichkeit. Es sind körperlich vitale Menschen, die gelassen, *mitfühlend* und *aufgeschlossen* sind und auf diese Weise Trost spenden oder auch Anregungen geben. Mit ihrer großen, zartfühlenden Ruhe, durch ihre bloße Gegenwart, können sie ihre Mitmenschen tief berühren. Übermäßige Beschäftigung mit anderen stürzt sie oft in Verwirrung und Selbstzweifel, wenn sie nicht lernen, eine gesunde *Distanz* zu wahren. BP – Juwel/Mischtyp

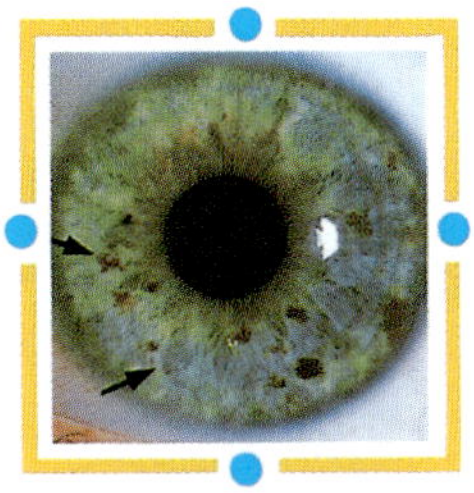

Mischtyp/Juwel

Eine extremistische Mischtyp-Kernstruktur, in der sich hauptsächlich Pigmentsprenkel (Juwelen) finden: verstärkt die *mentalen* Eigenschaften. Diese hartnäckigen, selbstbewußten und *willensstarken Individualisten* sind die Anführer progressiver Denkrichtungen und Handlungsweisen. Ihre Kommunikationsfähigkeit hat eine synergistische Wirkung. Sie müssen lernen, Verantwortung zu *delegieren* und geerdet zu bleiben, ohne das *Vertrauen* in ihre innere Führung zu verlieren, die ihnen bei der Verwirklichung ihrer Ziele hilft. BP – Strom/Blume

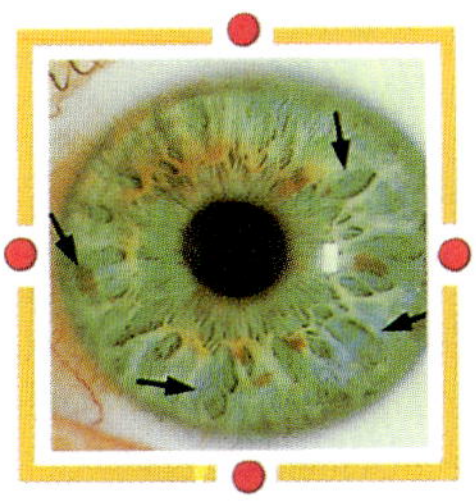

Mischtyp/Blume

Eine extremistische Mischtyp-Kernstruktur, mit hauptsächlich runden Öffnungen (Blumen) in den Iriden: verstärkt *emotionale* Tendenzen. Solche Menschen haben ein ausgeprägtes Vorstellungsvermögen, sind zu tiefgründigen *Einsichten* fähig, verfügen über eine schier unerschöpfliche Energie und sind in vorderster Reihe zu finden, wenn es darum geht, Fortschritt zu erzielen oder bewußter zu werden. Ihr visionärer Eifer macht sie zu *charismatischen,* dynamischen Kommunikatoren, die ihre Mitmenschen inspirieren. In Leidenschaft zu leben, ohne ihr inneres *Gleichgewicht* zu verlieren – das ist nicht nur ihr größtes Problem, ja Dilemma, sondern auch ihr größter Lohn. BP – Strom/Juwel

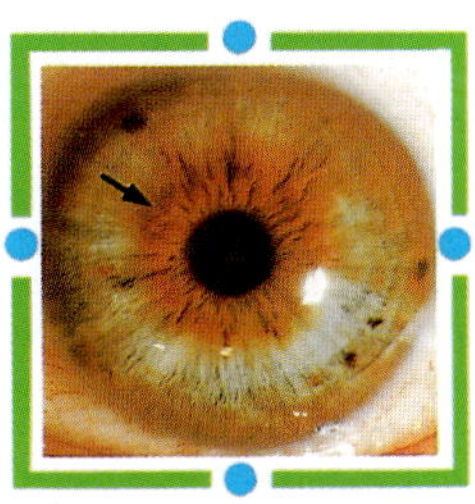

Nach innen gerichtet

Ein die Pupille umschließender, konzentrierter Farbring deutet auf eine nach innen schauende Natur hin. *Reserviert,* sensitiv und äußerst wachsam reagiert dieser Typ auf seine Umwelt, *verinnerlicht* aber seine Gefühle und Gedanken. Es sind liebenswerte, tolerante und verständnisvolle Menschen, die ihre wahren Gefühle oft verbergen, um Konflikte zu vermeiden. Ohne irgendeine befreiende Aktivität und ohne offene, ehrliche Kommunikation, werden sie ruhelos, oder sie stagnieren. BP – Sie fühlen sich zu extrovertierten Menschen hingezogen, bei denen sie lernen können, sich *auszudrücken.*

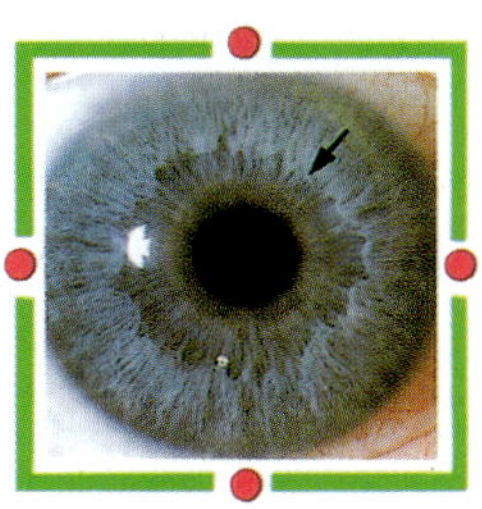

Nach außen gerichtet

Das Fehlen einer intensiven Färbung und ein ausgeprägter Kamm, der die Pupille umschließt, deuten auf einen *leistungsorientierten* Menschen hin, der seine Gedanken und Gefühle in ehrlicher Weise zum *Ausdruck* bringt. Es sind aktive, *produktive,* aber auch ungeduldige Menschen von zwingendem Wesen, die sich oft übernehmen. BP – Sie fühlen sich zu introvertierten Menschen hingezogen, um *Innenschau* und *Selbstbeschränkung* zu lernen.

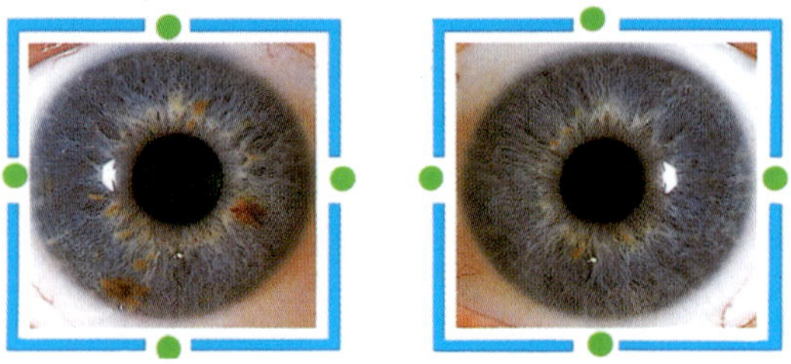

Linkshemisphärische Dominanz
Mehrzahl der Merkmale in der rechten Iris: Solche Menschen sind *logisch*, selbstorientiert und *praktisch*; stellen Fragen, haben materielle Ziele; ziehen es vor, gut *organisiert* zu sein. In der Regel eine engere Beziehung zum Vater; Vorliebe dafür, auf der rechten Seite zu schlafen. Daumentest: linker Daumen oben. Wichtig: traditionelle Werte; *Stabilität* einer sozialen Struktur. BP – Zu rechtsdominanten Menschen hingezogen, bei denen sie lernen können, *flexibel* und *tolerant* zu werden.

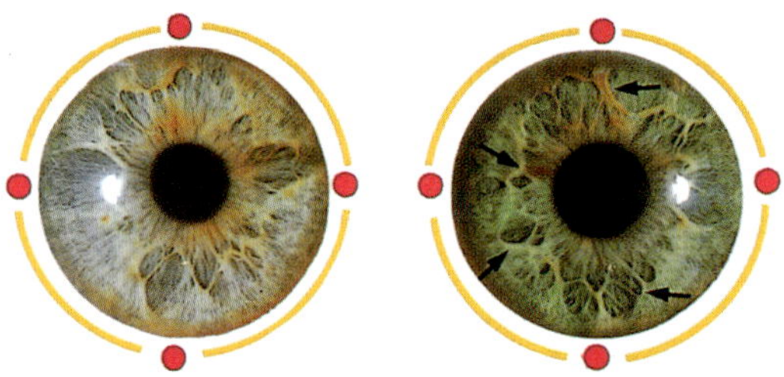

Rechtshemisphärische Dominanz
Mehrzahl der Merkmale in der linken Iris: Gesellig, umgänglich, ungezwungen, *kreativ*; neigen zu Unordnung. In der Regel innigere Beziehung zur Mutter; schlafen gern auf der linken Seite. Daumentest: rechter Daumen oben. Leben mehr in der Zukunft; gehen Leben *philosophisch* an; verfügen über Originalität und Geist. BP – Fühlen sich zu linksdominanten Menschen hingezogen; lernen so zu *fokussieren* und eine *praktische* Ader zu entwickeln.

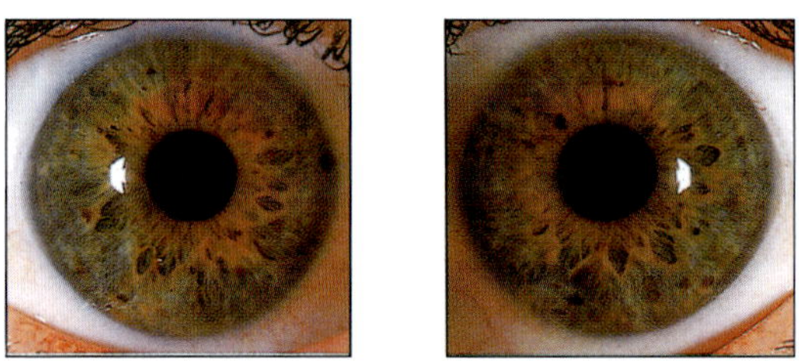

Dominanzwechsel
Die Mehrzahl der Merkmale befindet sich in einem Auge; gleichzeitig weist anderes Auge im oberen Iris-Quadranten die *intensivere Färbung* auf – Hinweis auf wahrscheinliches Wechselmuster. Erscheinen links- bzw. rechtshemisphärisch dominant, verhalten sich entgegengesetzt. Gründe für Wechsel: mentaler/emotionaler/physischer Schmerz/traumatische Erfahrung. Ziel des Wechsels: Ausgleich fortgesetzten Leids. Weg: Verdrängung der natürlichen Tendenzen. Folge: tiefe Verwirrung, Frust, Irrationalität. Heilung: Selbsterkenntnis; *Vergeben*. PB – Fühlen sie sich zu Menschen mit Hemisphärenwechsel hingezogen.

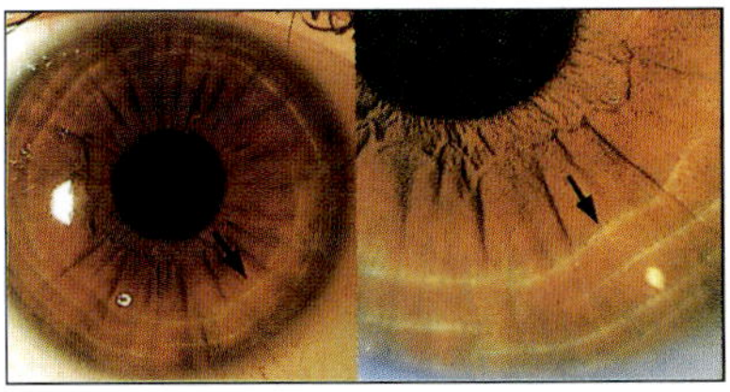

Ring der Tatkraft
Konzentrische Kreise in einigem Abstand zur Pupille: *tatkräftige* Menschen; erreichen Ziele; hyperaktive »Arbeitstiere«. Ständige innere Unruhe. Heilung: Energien gezielt auf Lösung bestimmter Aufgabenstellungen kanalisieren.

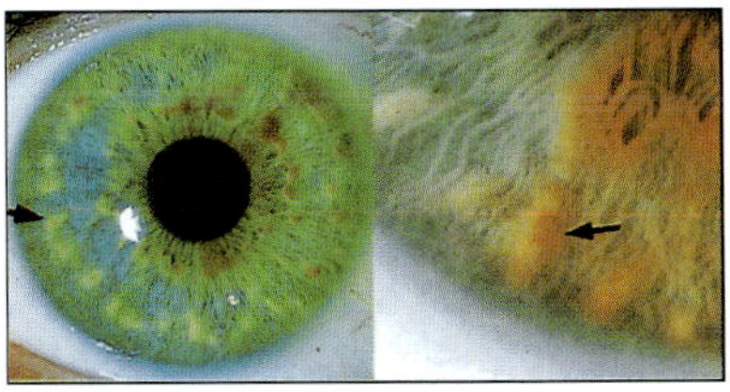

Ring der Harmonie
Weißlich-gelbe Sprenkel nahe der Iris-Peripherie: Menschen mit *hohen* sozialen Idealen; Ordnungs-/Harmonie-/Gleichgewichtsbedürfnis; hohe *Erwartungen* an andere. Tendenz: Zynismus aus Enttäuschtsein. Heilung: Singen und Lachen.

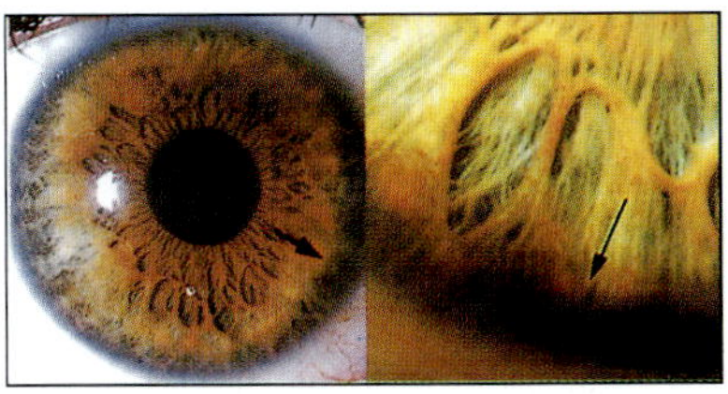

Ring der Berufung
Ein blauer oder dunkler Ring am Außenrand der Iris deutet auf einen Menschen hin, der das Gefühl hat, sein Leben habe einen ganz *besonderen Sinn*. Das Sendungsbewußtsein dieses Menschen ist mit Fleiß und Hingabe gepaart, und es gibt nichts, zu dem er sich nicht in der Lage fühlt. Wenn er sich allerdings nicht im klaren darüber ist, wie er sein Ziel erreichen und sein *Handeln fokussieren* kann, kann er Phasen großer Unentschlossenheit und Stagnation durchleben.

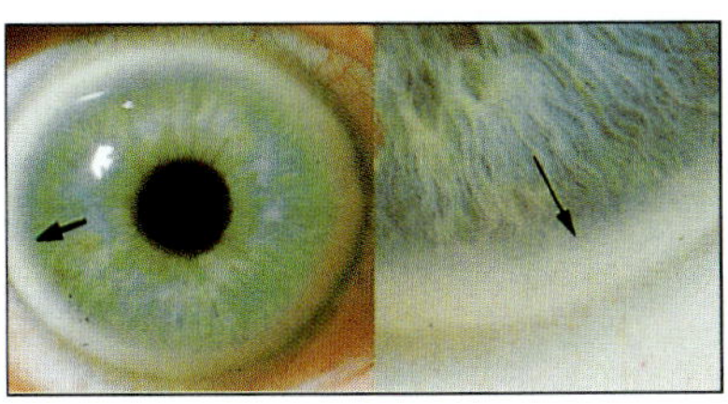

Ring der Entschlußkraft
Ein durchgehendes weißes Band am Außenrand der Iris weist auf *entschlußkräftige* und entscheidungsfreudige Natur hin. Solche Personen sind von ihren eigenen strengen Ansichten vollkommen überzeugt. Der unerschütterliche Glaube an ihren Erfolg und ihre Fähigkeiten hilft ihnen, ihre Ziele zu erreichen, ist aber auch die Ursache für eine gewisse Halsstarrigkeit. Sie müssen *Flexibilität* und *Akzeptanz* lernen, indem sie eine innere spirituelle Gewißheit entwikkeln.

Rayid-Modell
Beziehungsmuster

Alles was in unserem Leben geschieht, steht in Beziehung zu uns. Das Wie und Warum dieser Verbindung ist primär eine Funktion jener Lektionen, die zu lernen wir uns entschieden haben, und die ihren Ausdruck in der Iris finden. Die Herausforderungen in unserem Leben, unsere Bedürfnisse, unsere Gaben – alles ist weit davon entfernt, zufällig zu sein. Auch unsere partnerschaftlichen Beziehungen spiegeln unsere Lektionen wider. Sie sind ein Anstoß in Richtung Ganzheit. Sie sind der Stoff der Schöpfung. Ihre Webart reflektiert unsere Hingabe an die *Freude.* Je stärker die Fäden miteinander verwoben sind, desto tiefer und stärker ist die Beziehung, desto größer die Freude. Die unten vorgestellten Beispiele werden Ihnen helfen, unsere Ausführungen besser zu verstehen.

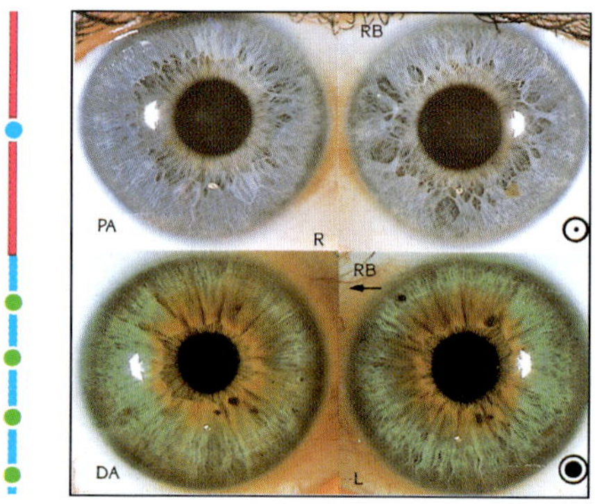

(1) Beziehung zwischen einer *extrovertierten/ emotionalen* Frau und einem *introvertierten/ mentalen* Mann. Bei ihm erfolgte ein Dominanzwechsel. Sie drückt ihre expansiven Gefühle visuell aus, um ihr Bedürfnis nach emotionaler Sicherheit mitzuteilen. Er bedient sich der Sprache und der Analyse als Mittel, um größere Harmonie und Intimität in seinem Leben zu schaffen. Er lernt, sein Bedürfnis nach Kontrolle aufzugeben und sowohl seinen eigenen Gefühlen als auch anderen Menschen mehr zu vertrauen. Sie lernt, ihre Gefühle aus einer inneren Gewißheit heraus auszubalancieren und ihr Schicksal selbst zu bestimmen.

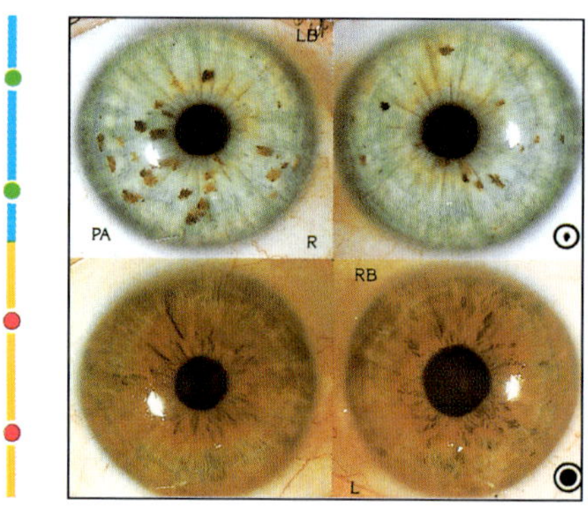

(2) Beziehung zwischen einer linkshemisphärisch dominanten, ausgesprochen *mental/ kinästhetisch* veranlagten Frau zu einem rechtshemisphärisch dominanten Mann, einem *emotionalen Mischtyp.* Sie kontrolliert ihre physische Welt durch Logik und scharfsinnige Gedanken, während sie sich innerlich nach Geborgenheit sehnt. Er ist gesellig, unbeschwert, versucht aber auch durch Gefühlsextreme mit Unsicherheit fertig zu werden. Sie lernt die Schönheit zu fühlen, die aus der Stille kommt. Er lernt, daß aus der klaren inneren Sicht eine sanfte, aber unwiderstehliche Kraft erwächst.

Obere Augenpaare immer weiblich

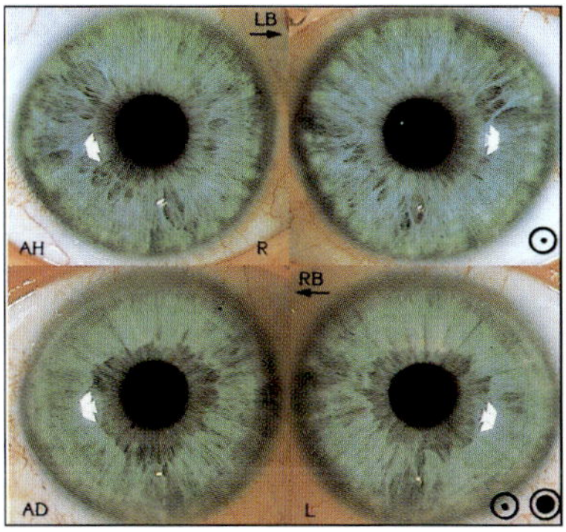

(3) Beziehung zwischen einer *kinästhetisch/emotionalen* Frau und einem sehr *kinästhetischen* Mann. In beiden Fällen erfolgte ein Dominanzwechsel. Die Ähnlichkeit der Iriden erweckt den Eindruck einer harmonischen Beziehung. Gegenseitiger Respekt und die Freundschaft, die sie verbindet, stellen eine wesentliche Versicherung der Befriedigung ihrer Bedürfnisse nach emotionaler Geborgenheit dar. Sie ist mehr nach außen gerichtet und sucht deshalb auch in sozialem Engagement nach Möglichkeiten, inneres Wachstum zu fördern. Er versucht sich mehr an das zu halten, was er fühlt, um dadurch seine innere Mitte zu finden. Beide warten darauf, daß etwas geschieht. Und beide lernen die Freude einer haltenden Hand in der Gegenwart der Wahrheit.

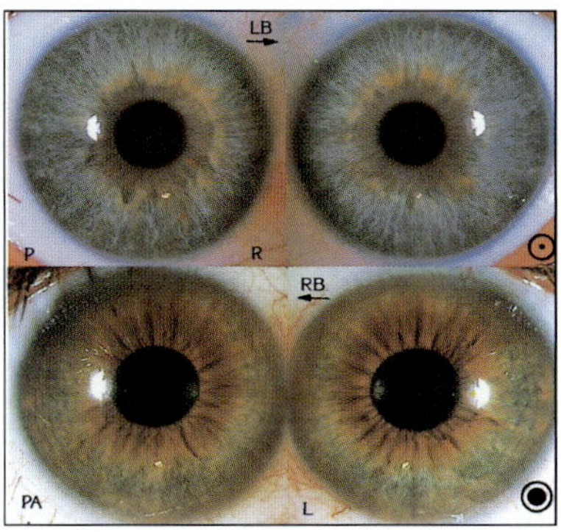

(4) Beziehung zwischen linkshemisphärisch dominanter, *kinästhetisch/mentaler Mischtyp*-Frau und rechtshemisphärischem, *kinästhetisch/emotionalem* Mann. In beiden Fällen erfolgte beziehungsweise erfolgt ein Dominanzwechsel. Sie wehrt sich mit ihrem aktiven, rationalen Verstand gegen die Erfahrung der weiblichen Essenz – der Dankbarkeit. Er versteckt sich hinter einem zurückgezogenen Verhalten vor der Kraft wirklichen Wissens. Sie lernt, daß Gelassenheit aus der inneren Stille kommt. Er vollzieht den Wechsel zur linken Hemisphäre, um das Gefühl für den Augenblick zu entwickeln, das aus Handeln erwächst.

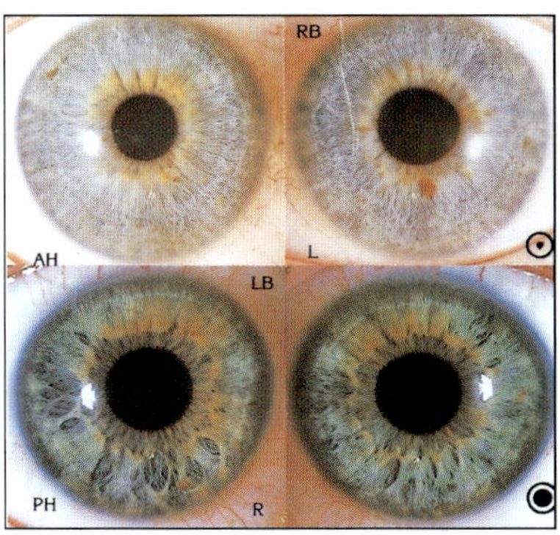

(5) Beziehung zwischen einer rechtshemisphärisch dominanten, *kinästhetisch/mentalen* Frau und einem linkshemisphärisch dominanten Mann, einem *emotionalen Mischtyp*. Sie überdeckt ihre Sorgen um ihre physische Sicherheit mit Worten und abstrakten Überlegungen. Er drückt seine Gefühle in logischer Manier aus, um Zweifel gar nicht erst aufkommen zu lassen und seine maskuline Rolle/Dominanz nicht zu gefährden. Sie lernt, ihre Gefühle mit vibrierender Offenheit in ihre physische Welt einfließen zu lassen. Er lernt, daß aus der Erfahrung inneren Wissens Friede erwächst.

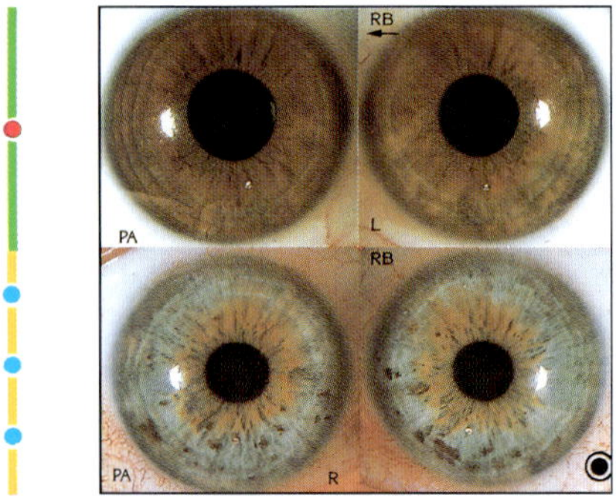

(6) Beziehung zwischen einer *kinästhetisch/emotionalen* Frau und einem *mentalen Mischtypen*. Sie wechselte von der rechten zur linken Hemisphäre, um ihre Grenzen der physischen Sicherheit zu erfahren. Er wechselte von der linken zur rechten Hemisphäre, um mehr Leidenschaft zu erfahren. Er benutzt logische Analysen, sie physischen Ausdruck, um der Wahrheit aus dem Weg zu gehen. Durch ihre innere Unkompliziertheit lernt er, innere Gelassenheit zu würdigen. Seine Art, präzise zu denken, lehrt sie Klarheit und Gewißheit.

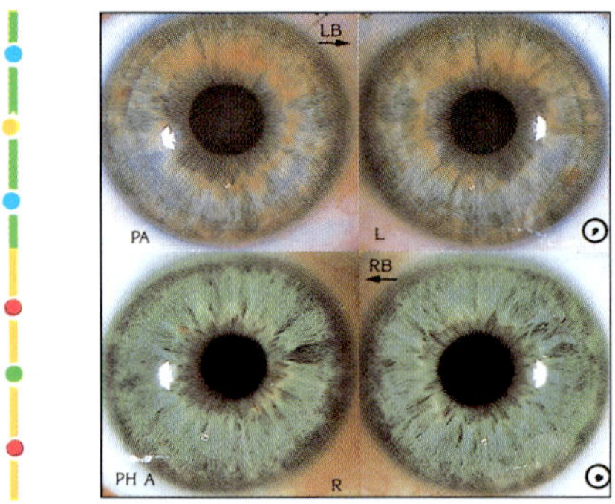

(7) Beziehung zwischen einer *kinästhetisch/mentalen Mischtyp*-Frau und einem *kinästhetisch/emotionalen Mischtyp*-Mann. In beiden Fällen erfolgte ein Dominanzwechsel. Sie bringt ihr Bedürfnis nach emotionaler Geborgenheit mit fokussiertem Denken und kontrollierten Worten zum Ausdruck. Er überdeckt seine Unsicherheit mit betonter Munterkeit und übertriebener Aktivität und Engagement. Sie lernt, sich dem sanften Fließen zu öffnen. Er lernt die männliche Kunst der Konzentration. Sie lehrt ihn die erwachte Kraft innerer Klarheit. Er zeigt ihr die Freude an Hingabe.

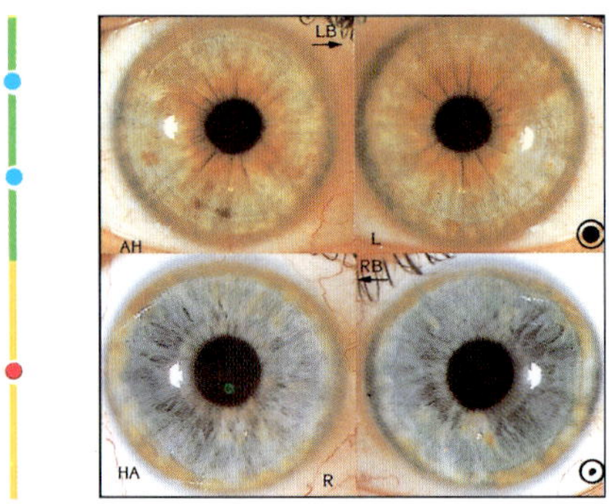

(8) Beziehung zwischen einer *kinästhetisch/mentalen* Frau und einem *emotionalen Mischtypen*. Der Wechsel zur linken Hemisphäre hat die emotionale Sensibilität seiner Harmonie-Muster ausgeglichen. Sie vollzog einen Wechsel zur rechten Hemisphäre, um ein größeres Spektrum an Emotionen und sozialer Dynamik zu erfahren. Sie gibt die physische Kontrolle auf, um die expressive Leidenschaft der Einfachheit zu erfahren. Er lernt die innere Wachsamkeit und Sicherheit kennen, die aus dem Wissen um das eigene wahre Selbst erwachsen.

H ≙ H – Ring der Harmonie
p ≙ B – Ring der Berufung
D ≙ E – Ring der Entschlußkraft
A ≙ T – Ring der Tatkraft
(und Kombinationen)

⊙ Nach außen gerichtet/extrovertiert
◉ Nach innen gerichtet/introvertiert
RB ≙ RH – rechtshemisphärisch
LB ≙ LH – linkshemisphärisch

→ Dominanzwechsel nach rechts
← Dominanzwechsel nach links
BP – Beziehungspartner
R - rechtes Auge L - linkes Auge

Weitere Informationen zum Rayid-Modell über:
Rayid Publications, Box 17367, Boulder Colorado, USA 80301

Iris-Fotos: DT. LENA Medical Photo

Persönlichkeitsmerkmal und ihre Widerspiegelung in den Iriden

– nach Jeremiah & Catherine Weser –

Rechtes Auge

Linkes Auge

Juwelen-Typ

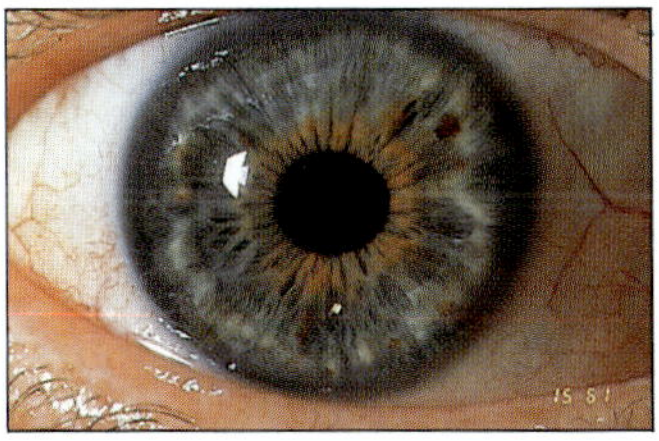

Abb. 1 a)

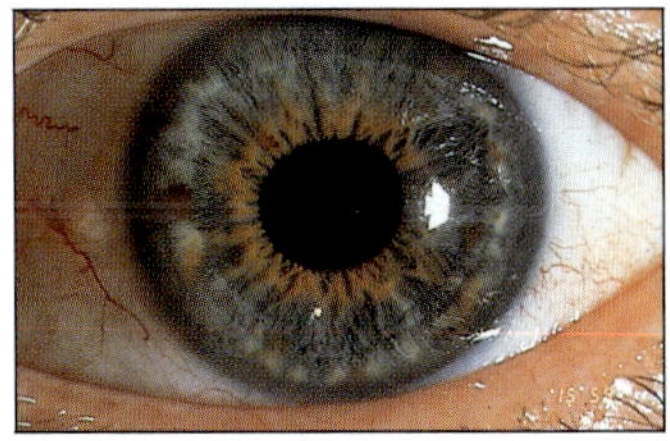

Abb. 1 b)

Blumen-Typ

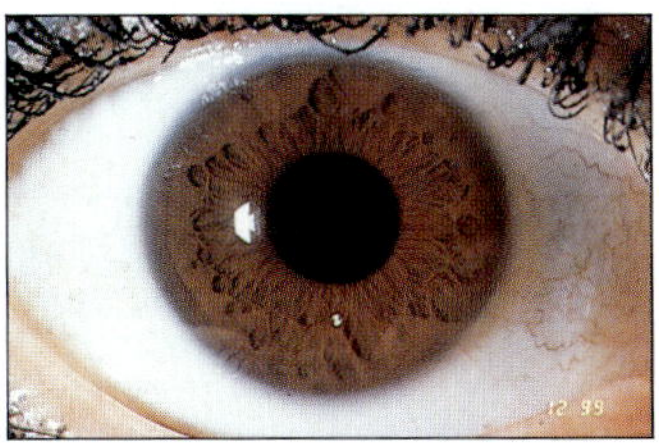

Abb. 2 a)

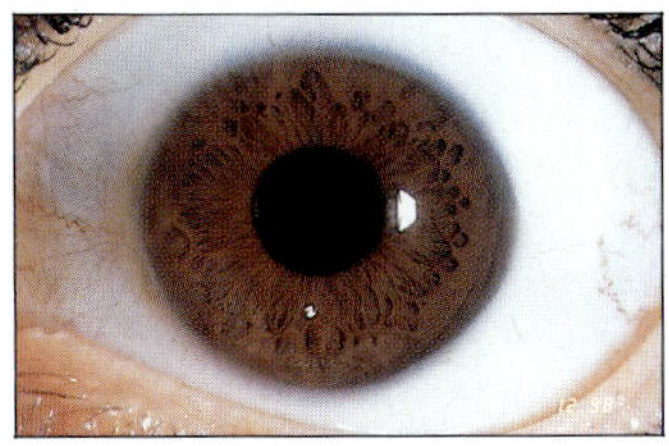

Abb. 2 b)

Strom-Typ

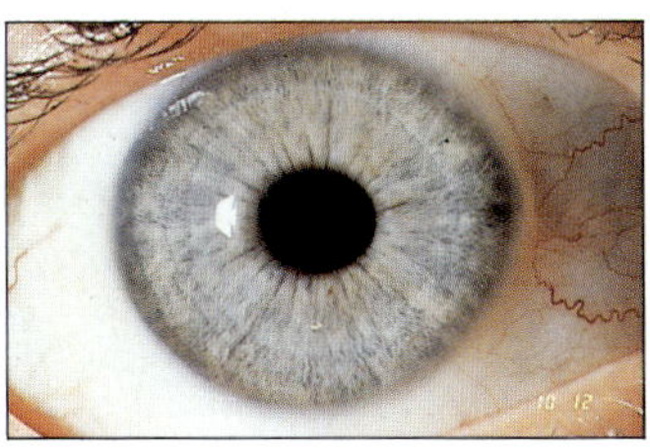

Abb. 3 a)

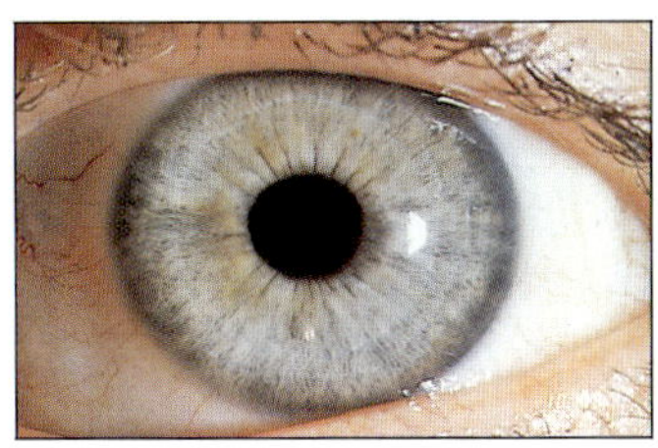

Abb. 3 b)

Mischtyp

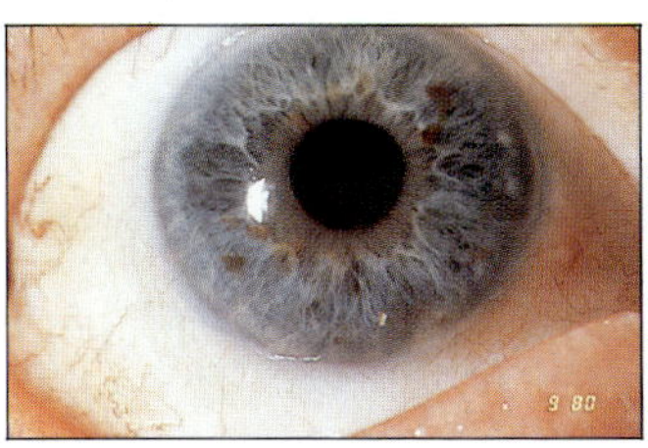

Abb. 4 a)

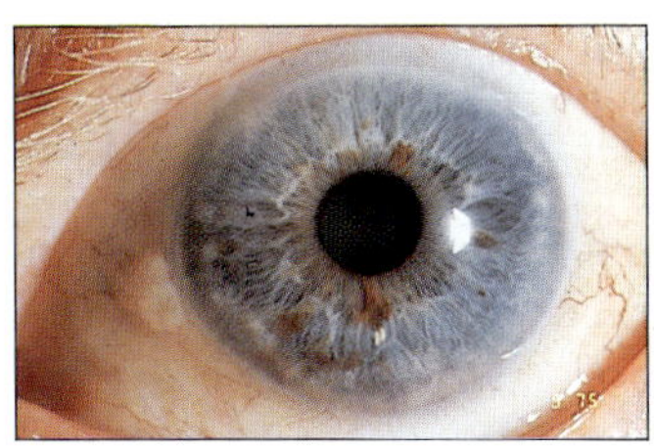

Abb. 4 b)

Rechtes Auge

Linkes Auge

Linksdominant

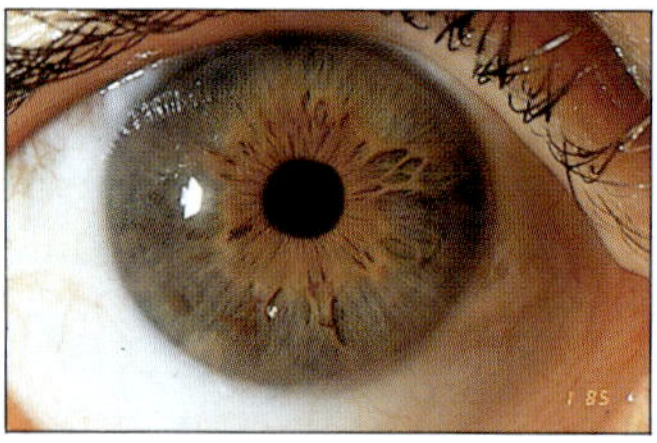

Abb. 5 a)

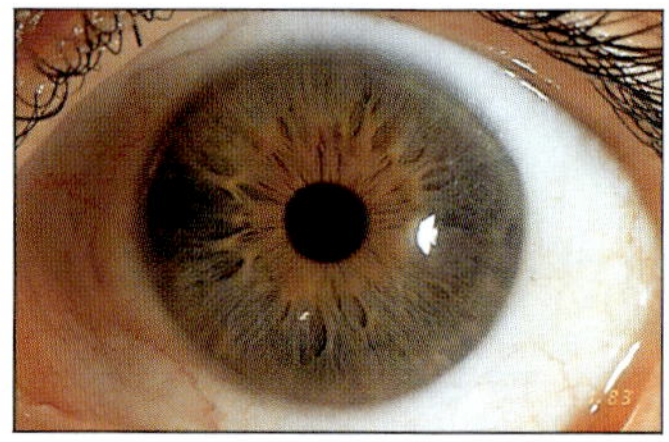

Abb. 5 b)

Rechtsdominant

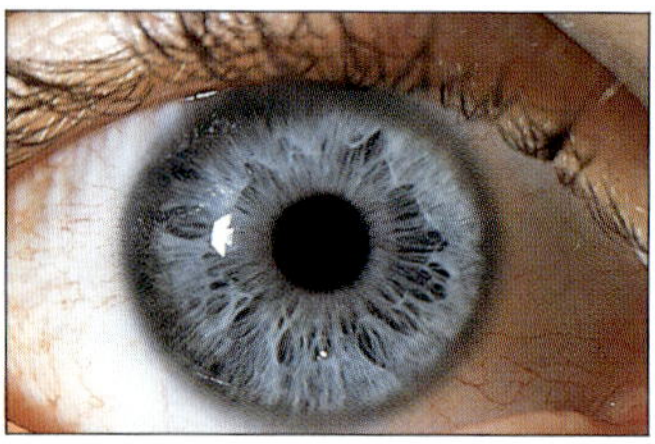

Abb. 6 a)

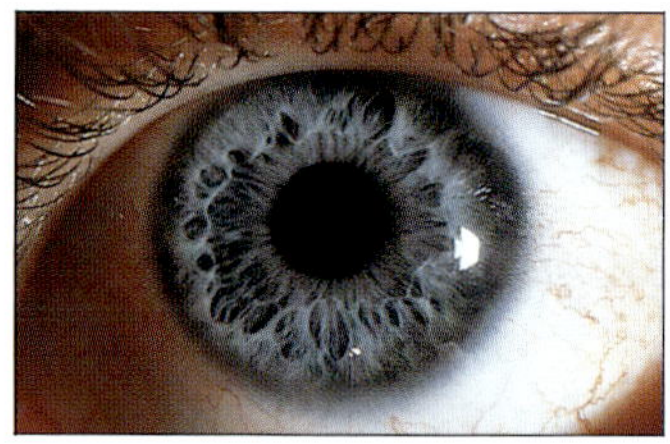

Abb. 6 b)

Nach innen gerichtet

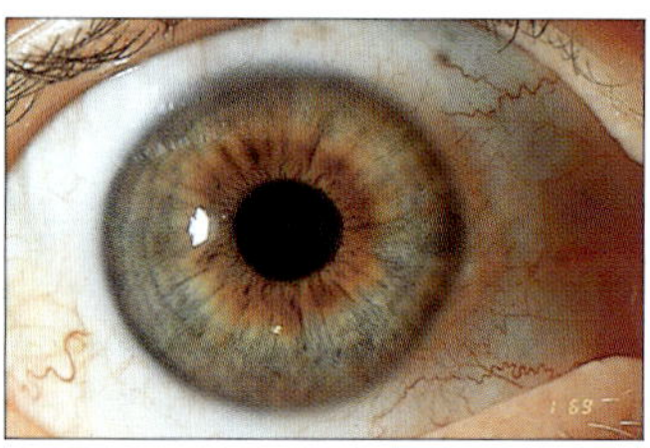

Abb. 7 a)

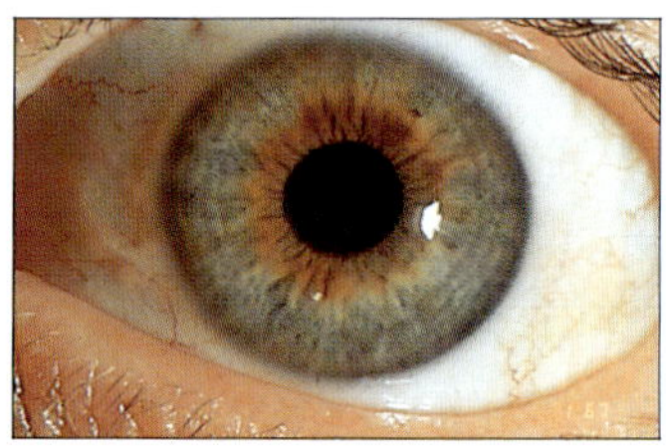

Abb. 7 b)

Nach außen gerichtet

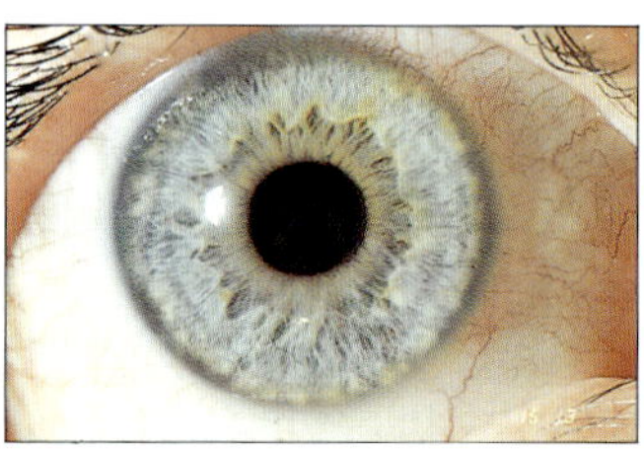

Abb. 8 a)

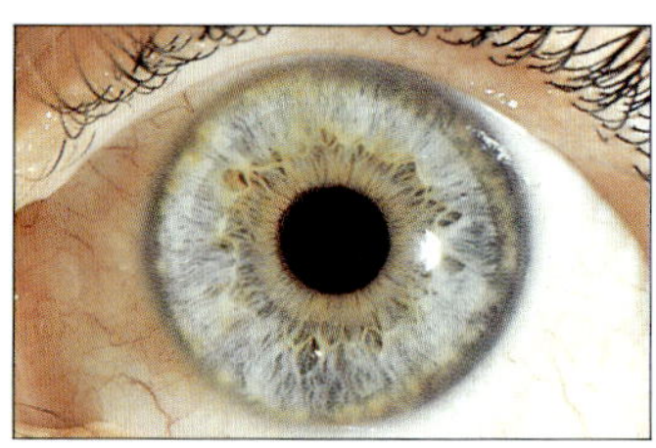

Abb. 8 b)

Rechtes Auge

Linkes Auge

Ring der Harmonie

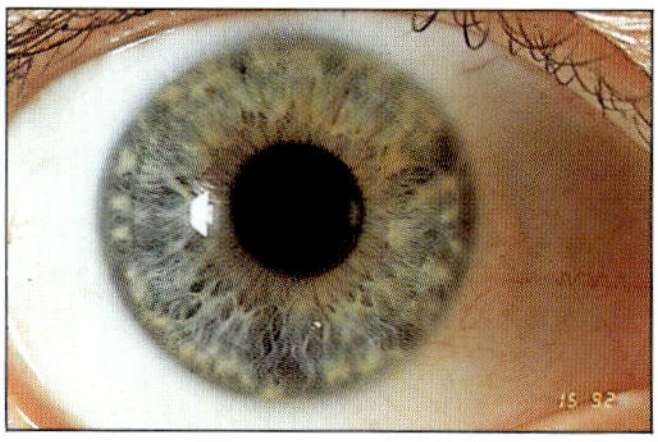

Abb. 9 a)

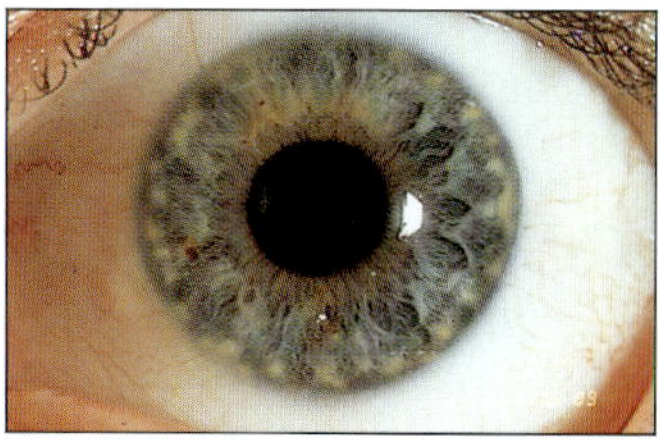

Abb. 9 b)

Sensitivitätsringe

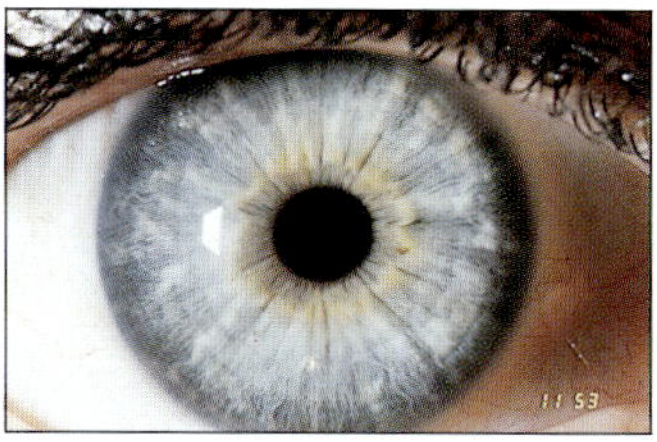

Abb. 10 a)

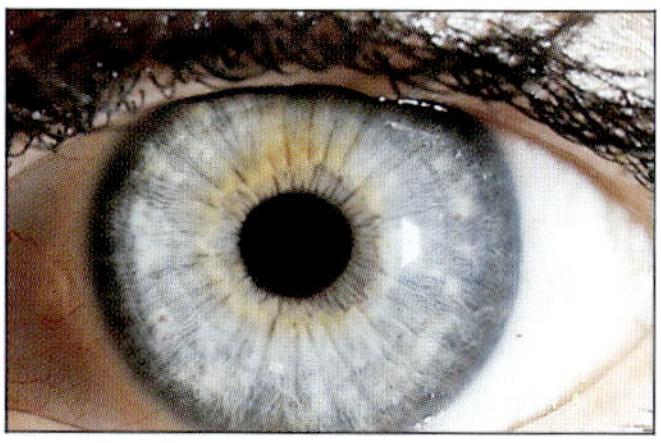

Abb. 10 b)

Ring der Berufung

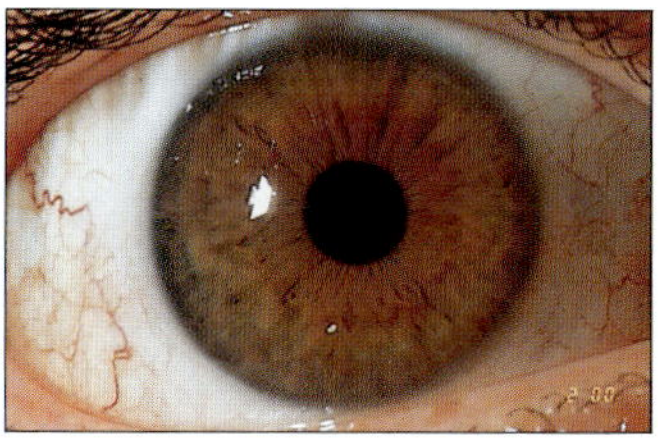

Abb. 11 a)

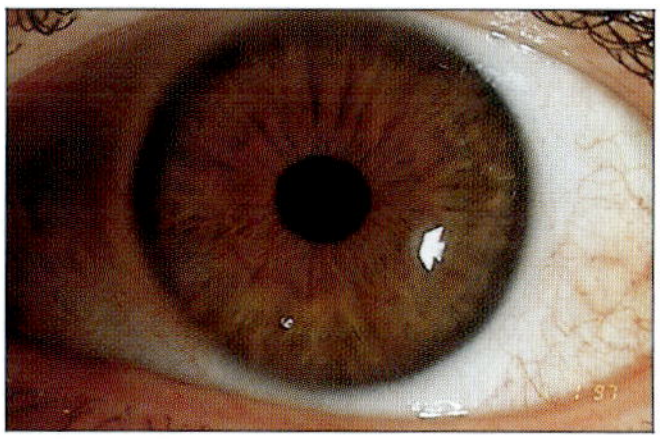

Abb. 11 b)

Ring der Perfektion

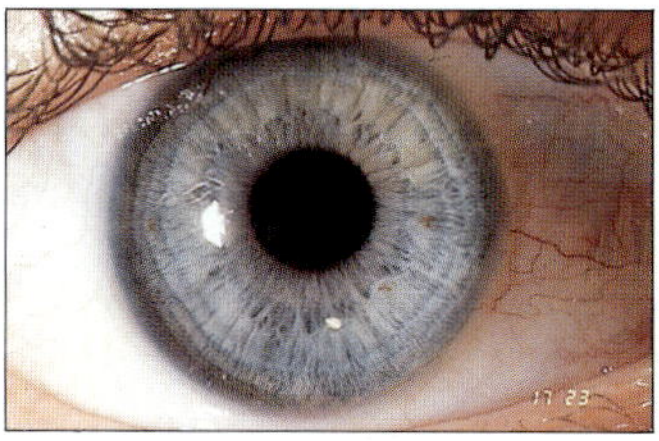

Abb. 12 a)

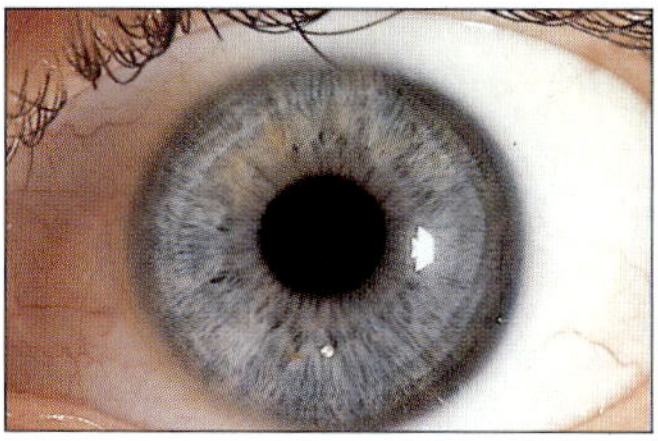

Abb. 12 b)

Rechtes Auge

Linkes Auge

Ring der Entschlußkraft

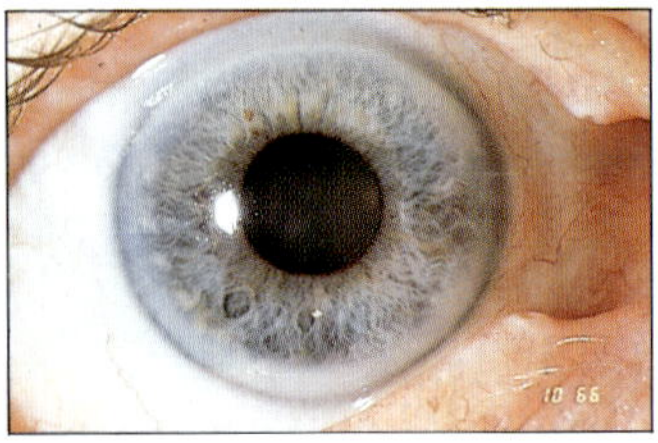

Abb. 13 a)

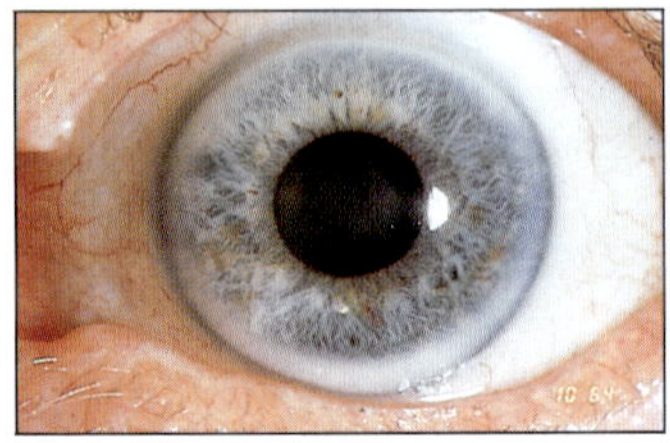

Abb. 13 b)

Erstes Chakra

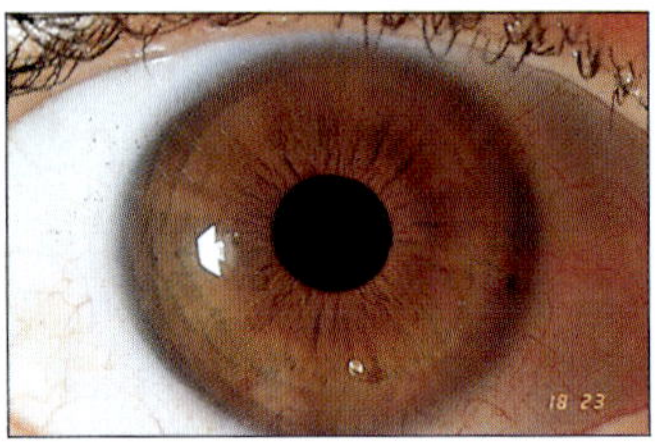

Abb. 14 a)

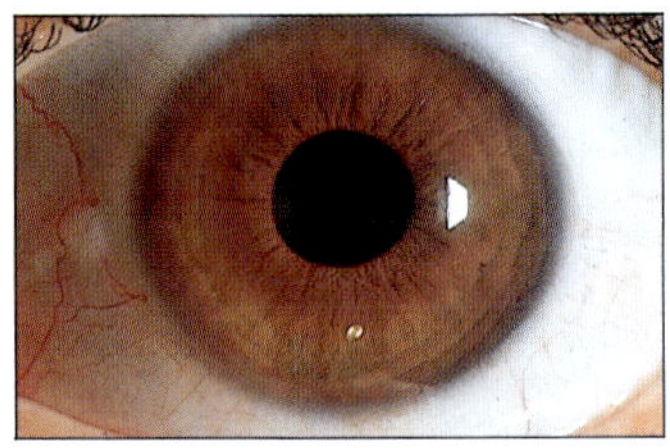

Abb. 14 b)

Zweites Chakra

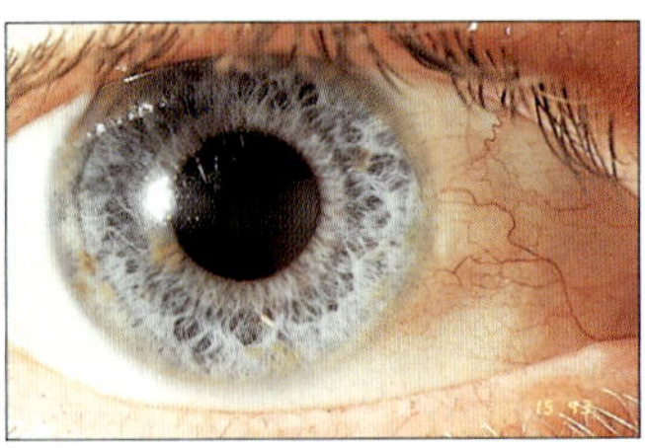

Abb. 15 a)

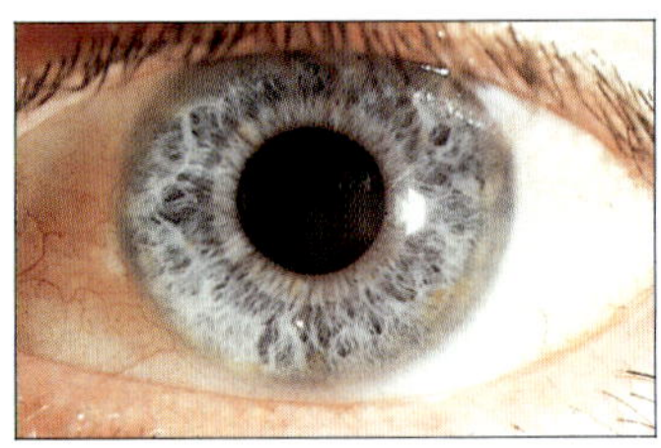

Abb. 15 b)

Drittes Chakra

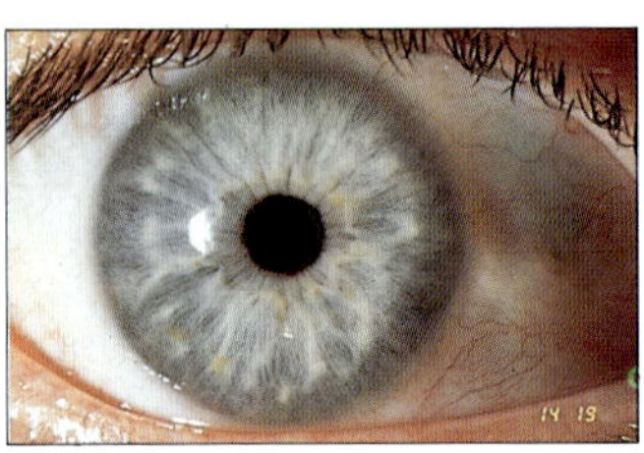

Abb. 16 a)

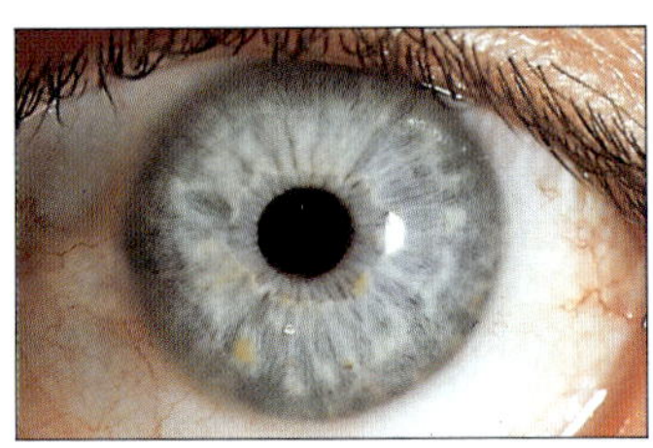

Abb. 16 b)

Rechtes Auge

Linkes Auge

Viertes Chakra

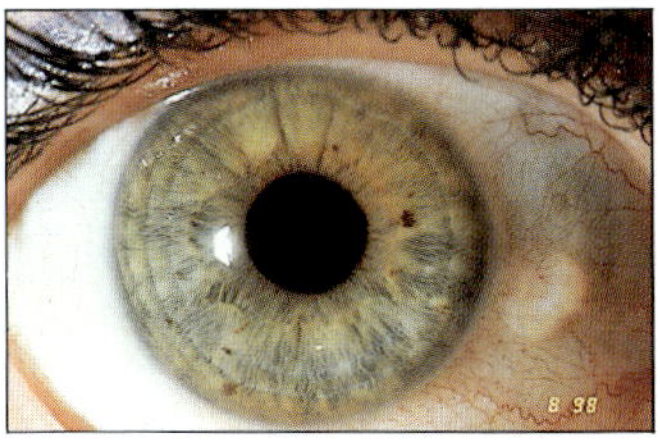

Abb. 17 a)

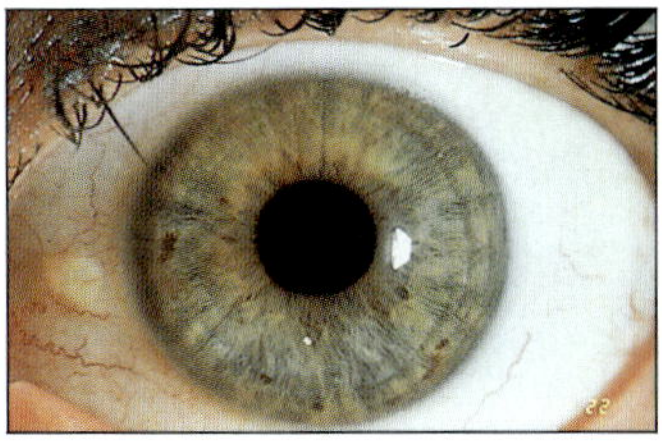

Abb. 17 b)

Fünftes Chakra

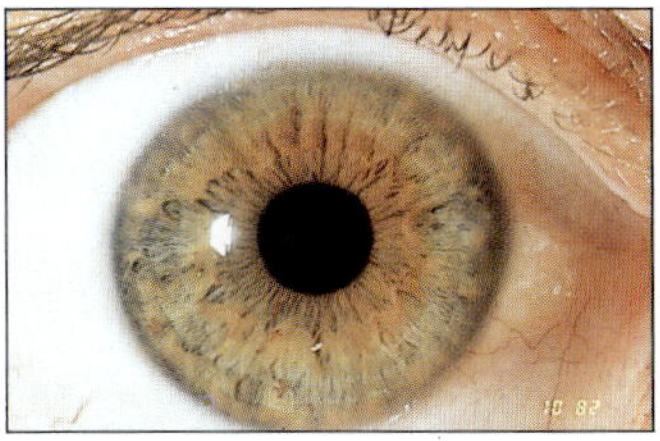

Abb. 18 a)

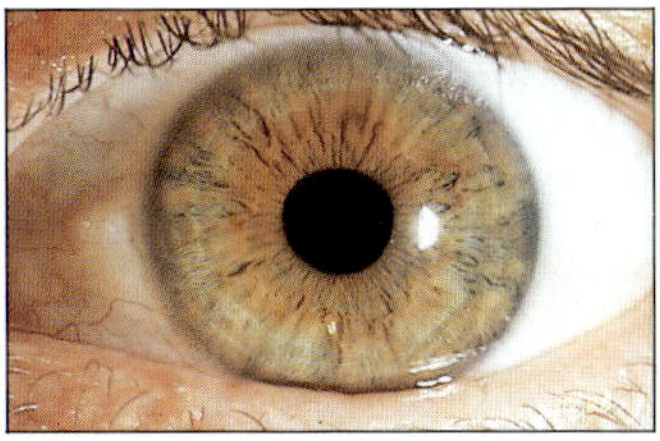

Abb. 18 b)

Sechstes Chakra

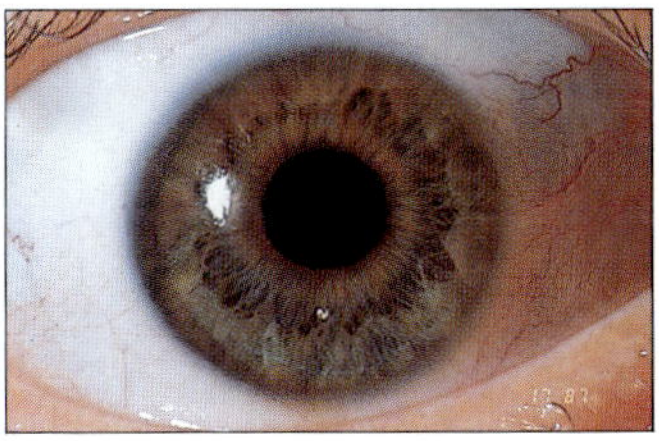

Abb. 19 a)

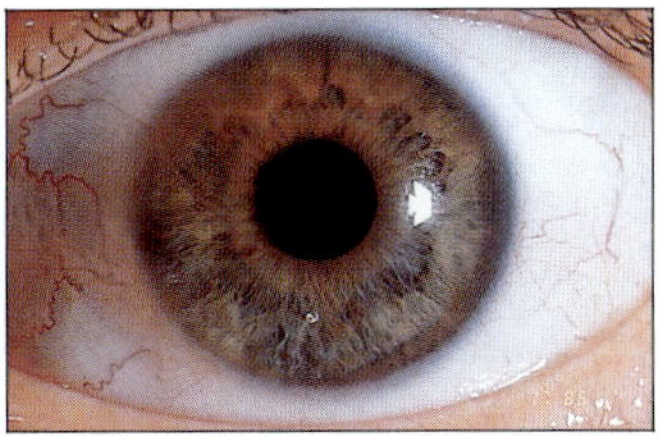

Abb. 19 b)

Siebtes Chakra

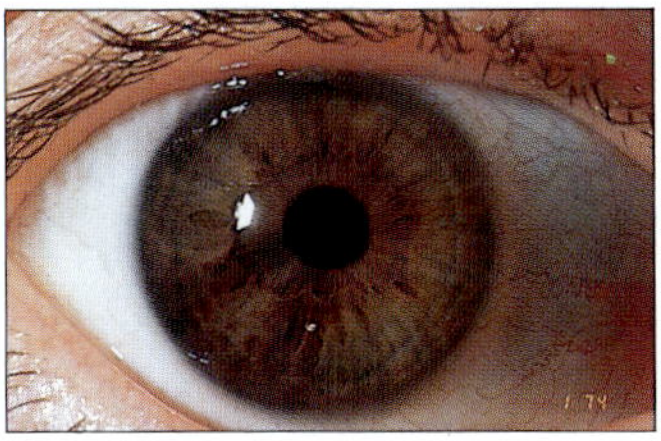

Abb. 20 a)

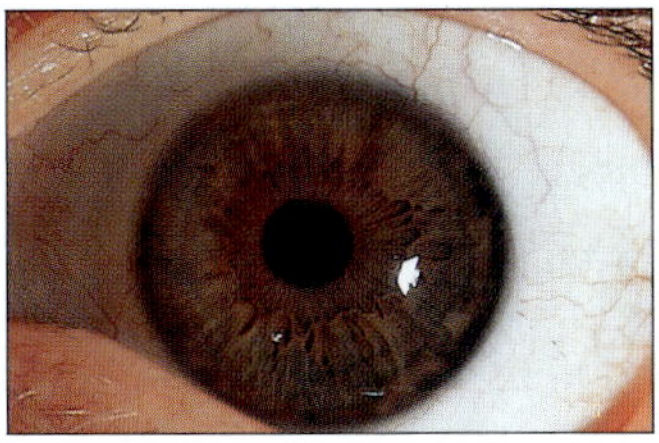

Abb. 20 b)

Rechtes Auge

Linkes Auge

Juwel

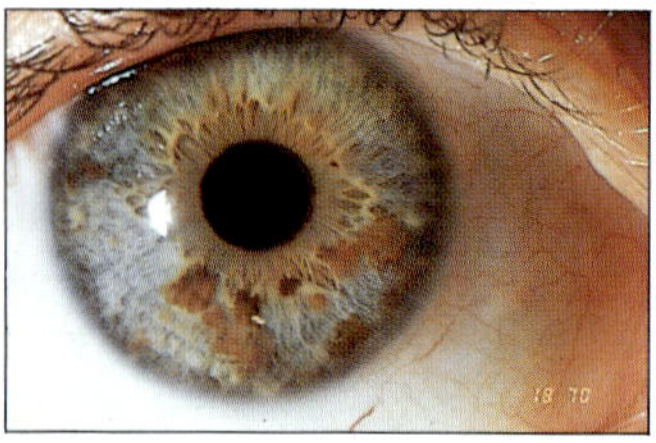

Abb. 21 a)

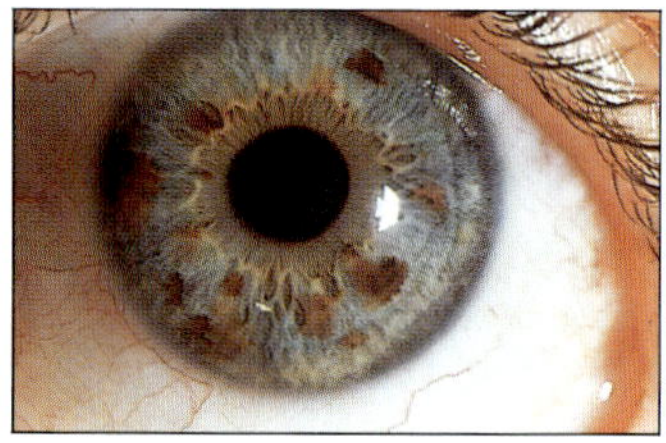

Abb. 21 b)

Blume

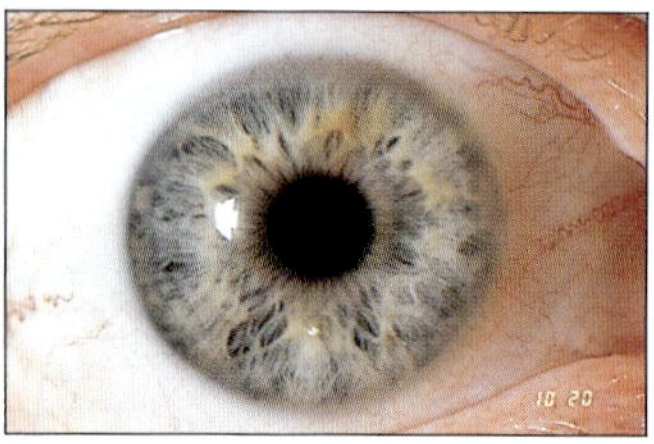

Abb. 22 a)

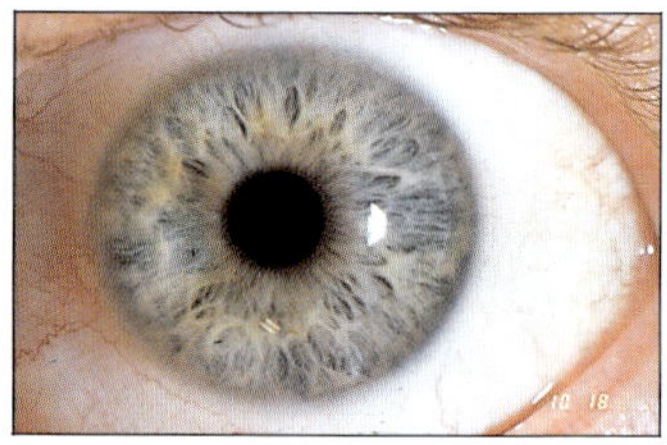

Abb. 22 b)

Strom

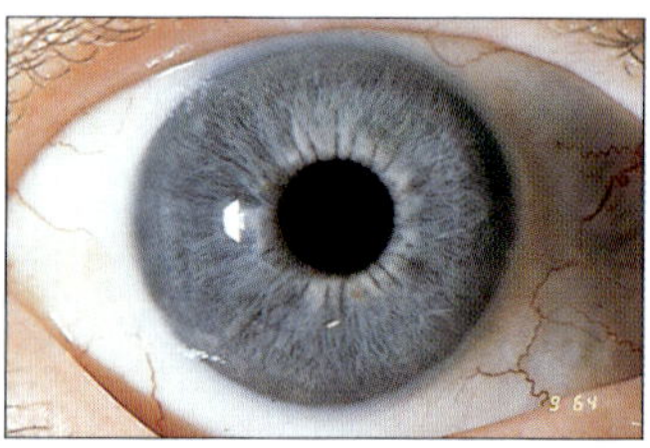

Abb. 23 a)

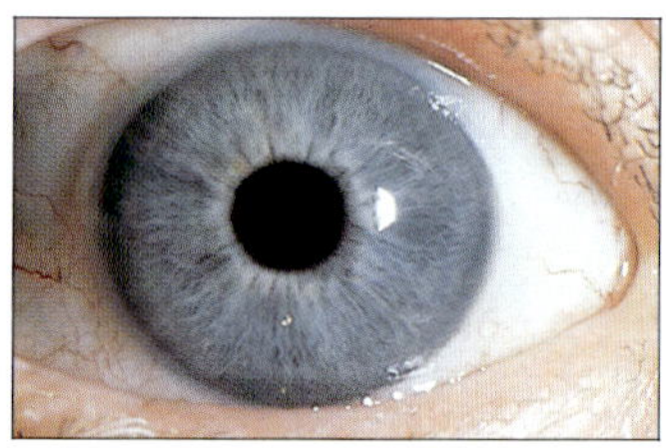

Abb. 23 b)

Mischtyp

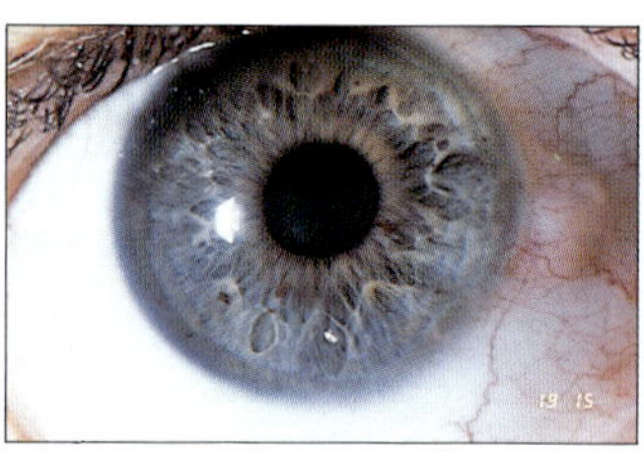

Abb. 24 a)

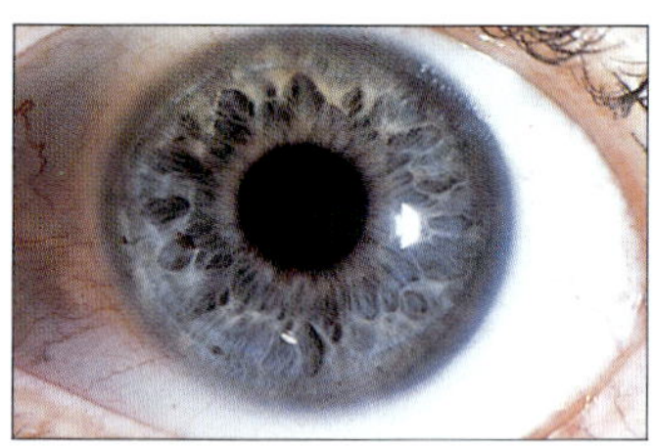

Abb. 24 b)

Karten und Diagramme sind wunderbare Erfindungen. Jede Generation hat ihre eigenen Genies, Menschen, die ihren Mitmenschen mit neuen, immer genaueren Karten bei ihrer Reise durch diese Welt helfen. Solche Karten sind äußerst nützliche Instrumente, wenn wir uns aufmachen, die Topographie eines unbekannten Landes zu erkunden. Irgendwann kommt dann der Zeitpunkt, an dem man keine Karte mehr braucht, weil man das neue Gebiet vollständig verinnerlicht hat, mit dem Herzen »erkannt« hat. Wir reisen nach den Vorgaben unseres Herzens! Einen besseren Führer gibt es nicht. Bis es allerdings soweit ist, bis man in der Lage ist, in der Intelligenz des Herzens auf dem Weg durch das Unbekannte vollkommen aufzugehen, ist es eine große Hilfe, geeignetes Kartenmaterial zu Rate ziehen zu können.

Die vielen verschiedenen Weltkarten wurden geschaffen, um einen bestimmten Gesichtspunkt oder einzelne Merkmale deutlicher werden zu lassen, sie hervorzuheben. Und das ist auch der Sinn der Iris-Karten. Versuchen Sie herauszufinden, welche von ihnen Sie bei Ihrem Streben nach wahrem Wissen am besten unterstützt.

Menschen sind superholographische Kunstwerke, die als Teile des Universalen oder Superhologramms, dabei sind, die Ewigkeit zu erforschen. Das klare Licht des Universalen Hologramms vereint in sich nicht nur die multidimensionalen Aspekte des Menschen, sondern auch die Gesamtheit seiner Inkarnationsgeschichte. Da alle Wesen Licht-Wesen sind, deren Ursprung jenseits von Raum und Zeit liegt, können Karten und Modelle, da sie nur Detailansichten wiedergeben, ihre wirklichen Tiefen nur *andeutungsweise* sichtbar werden lassen. Iriden sind komplexe, multidimensionale Strukturen; Karten und Modelle davon können lediglich als Startpunkte dienen, von denen aus sich das grundlegende Eins-Sein zu offenbaren beginnt.

So ist auch das Rayid-Iris-Modell zu sehen, das sich als »Führer zu persönlichen Verhaltens- und Denkweisen« versteht, über die die Iris Aufschluß gibt, ferner die Spirituelle Iris-Tafel der Chakren sowie die von Dr. Bernard Jensen und Harri Wolf entwickelten iridoskopischen Modelle. Diese sollen zu einem besseren Verständnis der verschiedenen Irissektoren beitragen. Zu Anfang ist es nötig, sich mit den Quadranten, in die das Auge eingeteilt ist, vertraut zu machen und ihre Bedeutung zu verstehen. Dabei sollen die erwähnten Modelle und Abbildungen helfen.

Rayid-Modell

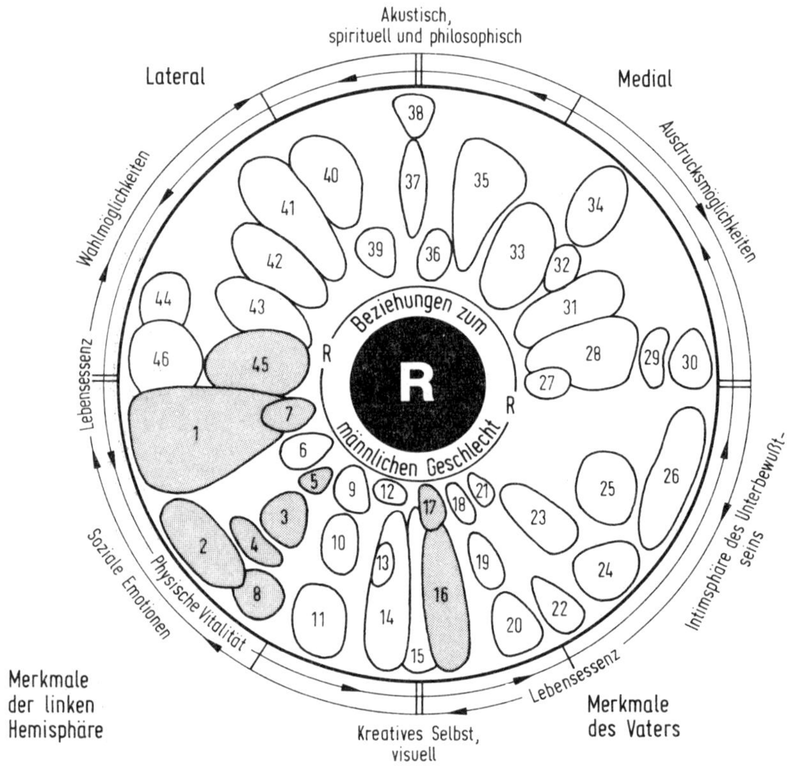

In der menschlichen Iris spiegeln sich die Einstellungs- und Verhaltensmuster wider, in denen wir denken, agieren und unsere Beziehungen wählen. Jede physische Veränderung im Auge stellt eine Spiegelung der *mentalen und spirituellen* Eigenschaften dar. Diese Muster haben wir von unseren Vorfahren geerbt. Im Laufe unseres Lebens und unserer diversen Beziehungen kommen weitere Veränderungen hinzu. Sie werden als genetische Information an die nachfolgenden Generationen weitergegeben. Entdecken Sie die Freude, die aus dem wahren Wissen um den anderen erwächst.

Leitfaden zu den in der Iris widergespiegelten Einstellungen und Verhaltensweisen

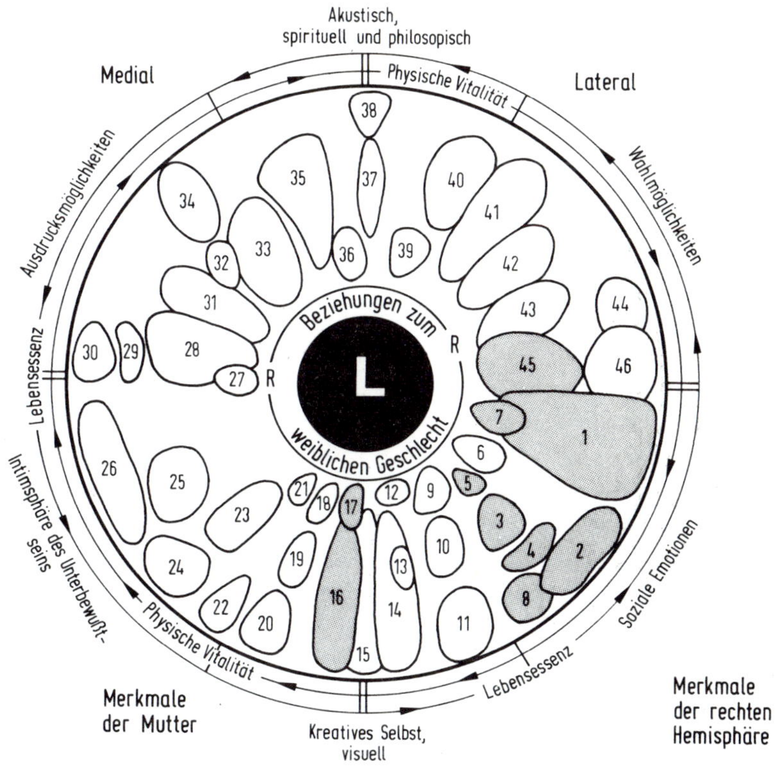

Vergleichen Sie die verschiedenen Areale der Iris anhand dieser Tafel. Jedem Bereich wurden spezifische Emotionen, Fähigkeiten oder Verhaltensmerkmale zugeordnet (siehe Liste auf Seite 100ff.) Alle Muster leiten sich von drei Grund- oder Kernmustern ab, die symbolisch als STROM, BLUME und JUWEL bezeichnet wurden. Jedes dieser Grundmuster repräsentiert einen spezifischen Lern- und Kommunikationsmodus. (s. auch Farbteil, Strom/Blume/Juwel)

Spektrum der Eigenschaften

Eigenschaft wollen wir in diesem Zusammenhang folgendermaßen definieren: »Körperpositionen, die auf Gedanken, Gefühle oder Handlungen schließen lassen, die manchmal auch als Habit bezeichnet werden.« Die nachfolgenden Beschreibungen sind *extrem* knapp und sollten daher nur als ein allgemeiner Leitfaden verstanden und gebraucht werden. Diese genetischen Merkmale sind das Ergebnis der Kommunikationsmuster zwischen beiden Elternteilen.

1. FÜRSORGE: die Fähigkeit, soziale Affekte zu initiieren, kreativ, zuverlässig, intelligent, selbstvertrauend, individuell, wortgewandt, ermutigend, hilfsbereit, sorgt sich *bedingungslos* um andere, herzlich	*Ablehnung, Verleugnung, Zynismus, abhängig, depressiv, zurückgezogen, Einzelgänger, zurückhaltend
2. VERGEBUNG: Fähigkeit, Liebe zu empfangen, manifestiert kreatives und soziales Verhalten, planend, kann führen, abenteuerlustig, unabhängig, vorausschauend, humanitär, guter Beobachter, verantwortungsbewußt	Ressentiments, *Versagen, Märtyrer, ruhelos, masochistisch, Sucht, Manipulation, Erregung, selbstquälerisch
3. WÜRDE: Fähigkeit zur Selbstkontrolle und Spontaneität, leidenschaftlich, *involviert*, dramatisch, salbungsvoll, romantisch, still	Wut, *Angst vor Liebesverlust, sadistisch, Depression, Zweifel, Frigidität, Verachtung, kokett, feindselig
4. TATKRAFT: Konkurrenzdenken, *Wunscherfüllung*, feierlich, ehrgeizig, Erinnerung, *Pardon*, Überfluß	Rache, Rivalität, *Verlustängste, wunschlos, Grausamkeit
5. GEBEN: Ehre, Ritterlichkeit, keine Berührungsängste, kameradschaftlich, brüderlich, *großzügig*, wohlwollend, gerecht	Eifersucht, *Armut, Neid, Habgier, Selbstsucht, Apathie, Mißtrauen

6. UNABHÄNGIGKEIT: selbstsicher, fleißig, ernsthaft, vital, emsig, wachsam, *beständig*	besitzergreifend, faul, Versagen, *Bestrafung
7. SICH SORGEN: rührend, familienorientiert, beschützend, Stärke, *Loslassen	erdrücken, ersticken, isoliert
8. ORIGINALITÄT: Zeugung, Erziehung, *dazugehören*, *Dinge zu Ende bringen, Manifestation, Rezeptivität, Neuheiten, aufmerksam	unerwünschte Schwangerschaft, Qualen, Sorgen, Vergänglichkeit
9. GEBURT: Zustimmung, *Akzeptanz, ungewöhnliche oder schwierige Geburt, ernsthaft, ordentlich, *Entspannung*	anspruchsvoll, Sorgen, Dünkel, so tun als ob
10. KOMMUNIKATION: verbal, Überfluß, Koordination, *Integration*, Schwangerschaft	ungeduldig, Frustration, rigid
11. GEBIETERISCH: *fließen*, entschlußfreudig, sicher, genau, Klarheit, Kommunikation, auf andere bezogen	hyperaktiv, ungeduldig, unentschlossen, Vergänglichkeit
12. SELBSTBEHERRSCHTHEIT: taktvoll, diplomatisch, praktisch, weise, witzig, scharfsichtig, entschlußfreudig, loyal, analytisch, eloquent, Singen	eitel, narzißtisch, Sorgen, sarkastisch
13. PRAKTISCHER VERSTAND: peinlich genau, brillant, Argumentation, Perfektion, aufmerksam, zielorientiert, Realisierung	kritisch, verleumderisch, beleidigend
14. GEDULD: Grobmotorik, Timing, Rhythmus, Balance, schlagfertig, Koordination, handwerkliches Geschick, *Beharrungsvermögen*, Gewandtheit, Musik, ausdauernd, Gelassenheit, Ruhe	unruhig, ungeduldig, irritierbar, sarkastisch, verächtlich

15. PERFEKTION: kreativ, Worte, schreiben, entgegenkommend, Gewißheit, Flexibilität, Toleranz	intolerant, steif, ungeduldig
16. GEIST: Feinmotorik, kreativer Selbstausdruck, Vertrauen, Ruhe, Gewandtheit, Selbstachtung, Imagination, handwerkliches Geschick, *Vertrauen*, zeichnen, schüchtern	Depression, suizidal, Schuldkomplex, *Überfall, Erniedrigung
17. VERTRAUEN: Imagination, Abstraktionsvermögen, Seelenfrieden, *Zuversicht*, Mut	Minderwertigkeitsgefühl, *Sterben, *Veränderung, unentschlossen, unsicher
18. KINDHEIT: Bereich der Ängste aus der Kindheit, Traumata, mentale Kreativität, Ruhe, *Frieden*, Enthusiasmus, 0–2 Jahre	Strenge, Ernst
19. GELASSENHEIT: Disziplin, leise sprechend, still, gelassen, beherrscht	*Mißbrauch, überdiszipliniert, *Fehler, Unterdrückung
20. SANFTMUT: Güte, 5.–7. Lebensjahr, Unschuld, Bescheidenheit, Ruhe, Schlichtheit, Staunen, heiter, gelassen, Fassung	*Dunkelheit, kraftlos, geistlos, Mißbrauch, *Dämonen, ernst
21. WISSEN: Ehrfurcht, *Schönheit*, privat, esoterisch, Innenschau, Gemeinschaft, gläubig, *Fügsamkeit*, nachgiebig	Phobien, Ehebruch, *Fallen, schlau, geheimniskrämerisch
22. INTIMITÄT: *Vertrautheit, Sinnlichkeit, Vereinigung, charmant, Nähe, Charisma, *Selbstbeherrschung*	Promiskuität, Perversität, Inzest, unterwürfig, Selbstbefleckung
23. EINSAMKEIT: spirituelles Wachstum, Schönheitssinn, Sinn für Kunst, Abgeschiedenheit, Gewahrsein, mysteriös, latent	einsiedlerisch, zweideutig

24. ERLEUCHTUNG: naturverbunden, intuitiv, verständnisvoll, spirituelle Entwicklung, medial veranlagt, Herrlichkeit, *Weisheit*, Balance	fanatisch, *Wahnsinn, Besessenheit, selbstherrlich, zweideutig
25. AUTODIDAKT: unabhängig, beschleunigt, inneres Wissen	widerstandsfähig, unempfindlich
26. STOLZ: flexibel, Kraft, Überlebensstärke, geschmeidig, stabil, Ziele erreichen, Offenbarung	hochmütig, unflexibel, eng, egozentrisch, abfällig
27. VERZÜCKUNG: das »Allerheiligste« des Herzens, Inspiration, Synthese, Offenbarung	schändlich, verächtlich, Strafe
28. STIMME: sprechen, einflußreich, mächtig, energiegeladen, Überzeugungskraft, hat die Fähigkeit, mit der Stimme zu heilen, singen, Gesundung, beruhigend, Befürwortung	verbale Manipulation, arglistig, betrügerisch
29. AUFRICHTIGKEIT: *Klarheit*, scharfsichtig, genial, ehrlich, rein	Verwirrung, Schlauheit
30. UNTERSCHEIDUNGSVERMÖGEN: Genialität, Inspiration, Einfluß, Weisheit, scharfsinnig, Verzückung, Ekstase, Intelligenz	tyrannisch, aristokratisch, vulgär, falsch
31. RAT: beraten, belehren, trostreich, Erzählergabe, Kommunikation	Klugheit, Schläue, listig
32. ZEUGE: *Zuhören*, Neugier, aufmerksam, empfänglich, wachsam	Abhängigkeit, Abwehr, spöttisch
33. KONTEMPLATION: Demut, Bescheidenheit, meditativ	Verleugnung, Verweigerung
34. SANFTMUT: Güte, klug, gehorsam, zaghaft, fleißig	rückgratlos, schwach, Träumer

35. WEISHEIT: fleißig, konzentriert, *Aufmerksamkeit*, herausragend, nachdenklich, salbungsvoll, losgelöst	hochmütig, arrogant, distanziert
36. REZEPTIVITÄT: Bereitschaft, zu geben und *zu empfangen*, nobel, liberal, wohltätig, nachsichtig, majestätisch, ritterlich, altruistisch	Erlöserkomplex, kalt, narzißtisch, Märtyrer
37. DIPLOMATIE: Ausdauer, Zähigkeit, Zielstrebigkeit, Langlebigkeit, Mut, *kompromißfähig*	Starrsinn, unflexibel, widerstrebend
38. TUGENDHAFTIGKEIT: Sinn für spirituelle Prinzipien, *Respekt*, tolerant, ehrfürchtig, Bewunderung, Ehre, tugendhaft, Integrität, Fairneß, Anstand	heuchlerisch, intolerant, beleidigend, verächtlich, respektlos, mittelmäßig, unbedeutend, grob
39. SELBST: Lebenseinstellung, visionär, Lob, verherrlichen, Stolz, intellektuell, kompetent, fähig, bescheiden, sicher	egoistisch, Blasiertheit, prätentiös, besessen
40. PHILOSOPHIE: humanitär, Weitsicht	rhetorisch, unbeherrscht
41. IDEALE: Idealismus, Streben, Pflicht, Optimismus, Enthusiasmus, erfinderisch, zielorientiert	chaotisch, utopisch, einfallsreich, unpraktisch, besessen
42. AUTORITÄT: selbstsicher, vernünftig, zwingend/gewinnend, tonangebend, Gewißheit	Rebellion, unabhängig, dogmatisch
43. WILLE: Zusammenarbeit mit anderen, Ausdauer, Enthusiasmus, Höflichkeit, Überzeugung, Führungsqualitäten, hartnäckig, entschlußfreudig, Eifer, Willenskraft	überheblich, halsstarrig, unkooperativ, geizig, ungehorsam, herrisch, unterwürfig

44. VERSTÄNDNIS: Herz und Wille vereinen, bekümmert, tolerant, verzichten, sich fügen	*verlassen werden, freigeben
45. HERZ: **Hingabe*, verbale Liebesbekundung, Überredungsgabe, *Freude*, Wohltätigkeit, Wahrheit, Lachen, Ehre, Frohsinn, Glück, Inspiration	idealisierte Beziehungen, belastende Täuschung, bedrückt, rastloses Herz, Übertreibung
46. MITGEFÜHL: Güte, *Erbarmen*, Sensitivität, Einfühlungsvermögen, weint schnell, Feierlichkeit, Aufmerksamkeit, Zartgefühl, Weichheit	Kummer, Sorgen, Bedauern, Qual, Sehnsucht, Langmut, *Trennung

Kursives = zu lernende Lektion

* = Angst vor

Beziehungen basieren auf dem Gleichgewicht unbewußt gelernter Lektionen

GROSSCHREIBUNG = Hauptthema dieses Bereichs

Iridoskopische Tafeln

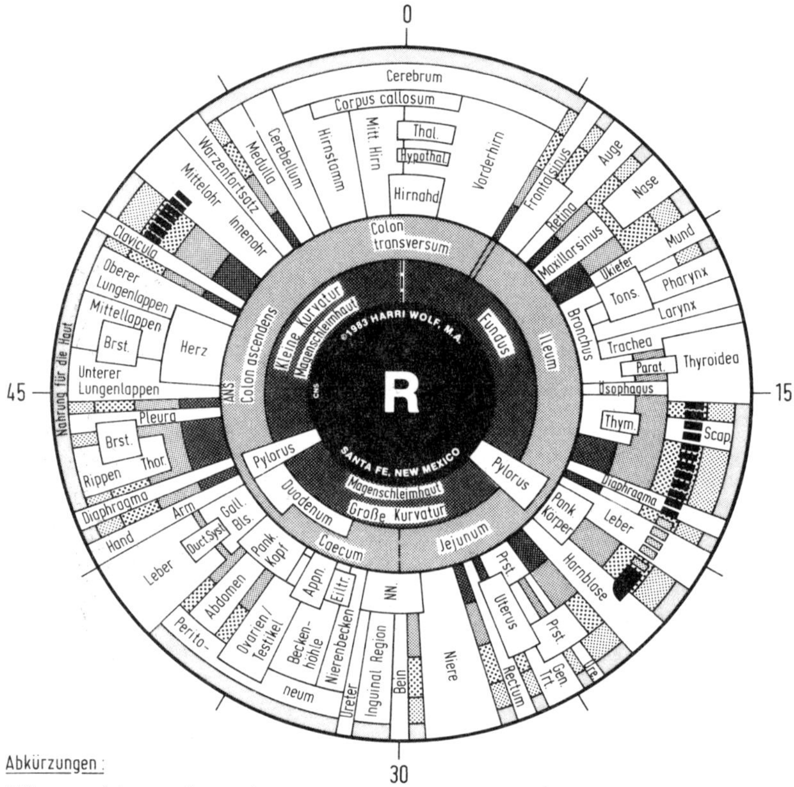

Abkürzungen:

ANS	Autonomes Nervensytem
Appn.	Appendix
Brst.	Brust
Duct. Syst.	Ductus-System
Eiltr.	Eileiter
Gall. Bls.	Gallenblase
Gen. Trt.	Genitaltrakt
Hirnahd.	Hirnanhangdrüse
Hypoth.	Hypothalamus
NN.	Nebenniere
Pank.	Pankreas
Parat.	Parathyroidea
Pleu.	Pleura
Prst.	Prostata
Scap.	Scapula
Thal.	Thalamus
Thor.	Thorax
Thym.	Thymus
Tons.	Tonsillen
Ukiefer	Unterkiefer
Ure.	Urethra
ZNS	Zentrales Nervensystem

Entwickelt von Harri Wolf, M. A.
Präsident der National Iridology Research Association, Santa Fe, New Mexico

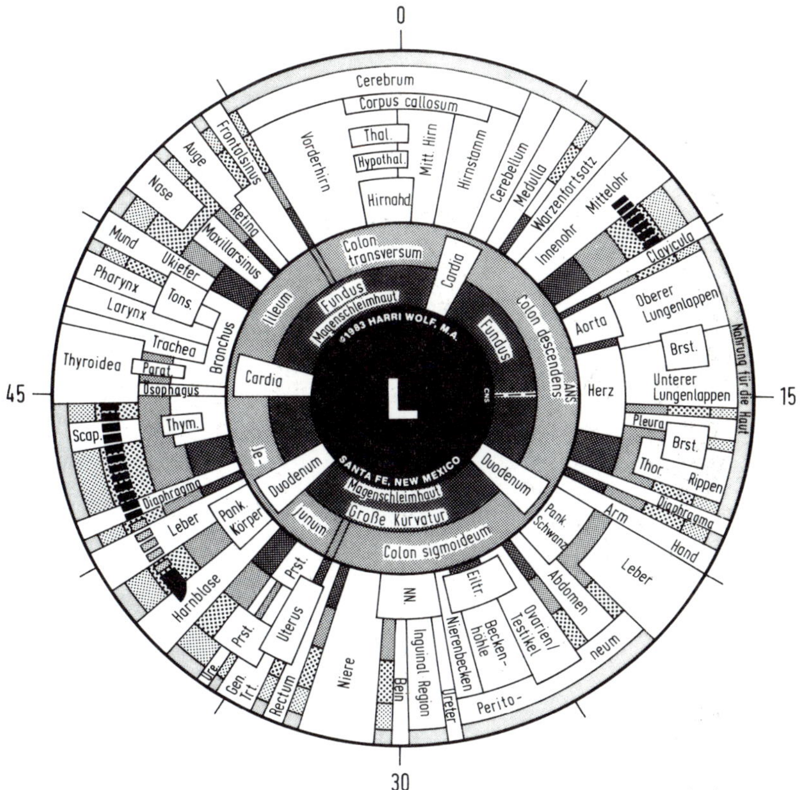

Pupillarzone:
- Verdauung
- Absorption

Ziliarzone:
- Transformation u. Verteilung
- Verwertung
- Ultimate Verwertung
- Entgiftung
- Elimination

Die in der Tafel enthaltenen Informationen dienen ausschließlich Lehr- und Forschungszwecken. Sie sollten nicht zur Diagnose und/oder Behandlung von Erkrankungen benutzt werden.

Veröffentlicht von: Sunflower Bookstore,
105 East Marcy Street,
Santa Fe, New Mexico 87501 505-988-9272

Iridoskopische Tafeln

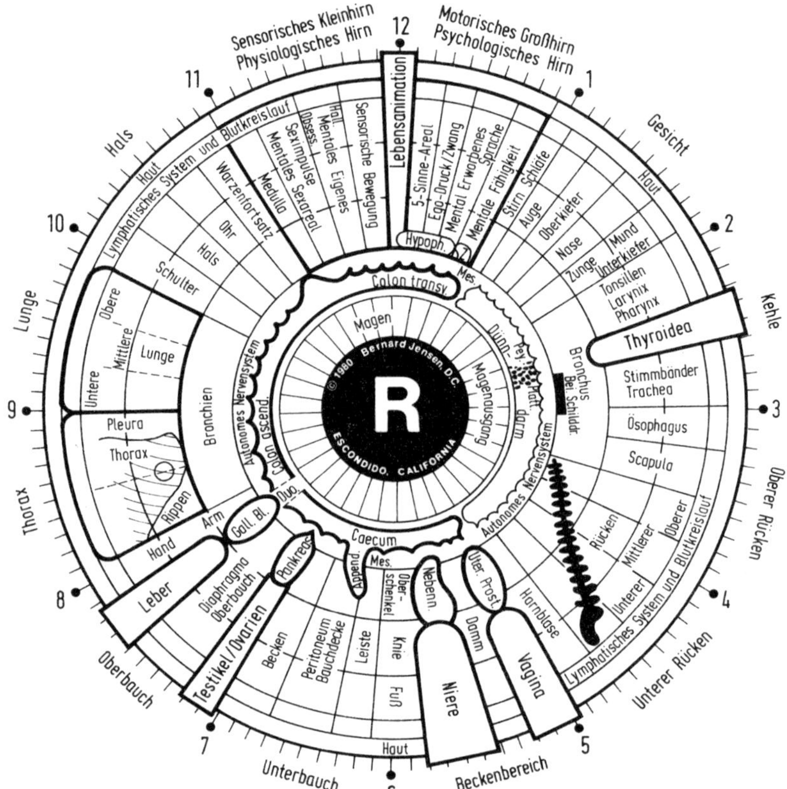

R	Rechte Iris
Z	Zirbeldrüse
Pey. Platt.	Peyersche Platten
Mes.	Mesenterium
Hall.	Halluzination
P.T.	Parathyroidea

Entwickelt von Dr. Bernhard Jensen, D.C.

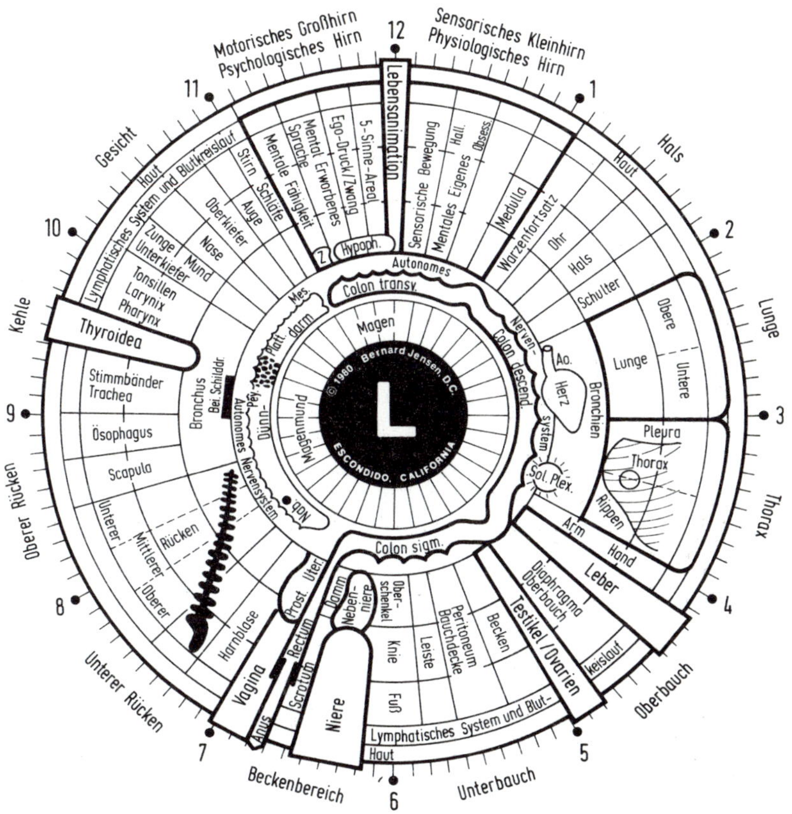

L	Linke Iris
Hypoph.	Hypophyse
Sol. Plex.	Solarplexus
Nab.	Nabel
Obsess.	Obsession
Ao.	Aorta

Laterale Positionen

Die Positionen in der lateralen oder seitlichen, zum Ohr hin gelegenen Hälfte der Iriden vermitteln Informationen, die dem Bewußtsein Ihres Klienten relativ leicht zugänglich sind. Erinnern wir uns: Das linke Auge zeigt das physische, mentale und emotionale Erbe der Mutter; das rechte Auge das des Vaters. Folglich lassen die Iriden jeweils erkennen, wie im Erwachsenenleben des Kindes die Beziehungen zu beiden Geschlechtern geartet sind oder sein werden. Wird es die Themen und Probleme der Eltern reflektieren, oder wird es sich dafür entscheiden, diejenigen seiner Gaben und Fähigkeiten zu aktivieren, die auf komplizierte Weise mit diesen Themen verflochten sind? Werden die Menschen sich dafür entscheiden, auf dem Gipfel ihrer jahrtausendealten genealogischen Pyramide endlich zu eigenem göttlichen Sein zu erwachen, zum »Schlußstein« der Schöpfung zu werden, oder werden sie sich dafür entscheiden, noch einmal in die genealogischen Strukturen hinabzutauchen, um ein weiteres Mal die Lektionen zu durchleben, die schon ihre Vorfahren zu verdauen, zu assimilieren und zu transzendieren sich weigerten?

Die Positionen im unteren lateralen Quadranten sind ein idealer Einstieg für die Irisanalyse, da sie dem sozialen Verhalten und dem Gefühlsbereich zugeordnet sind. Es ist durchaus legitim, mit der Interpretation in diesem Quadranten zu beginnen, weil sich hier unter dem Einfluß der Kernstruktur (Juwel, Blume, Strom) ein besonders deutliches Bild oder Leitmotiv der sich täglich wiederholenden Gefühlsmuster präsentiert. Wenn diese Gefühle dem betreffenden Menschen unangenehm sind oder ihn in Verwirrung stürzen, was häufig der Fall ist, ist es nötig, ihm zu einer Einsicht bezüglich des Ursprungs dieser Gefühle, aber auch ihres Werts zu verhelfen. Nur so wird aus einem reaktiven ein kreatives Gewahrsein.

Die untere Irishälfte zeigt die reaktiven, in seiner Genealogie wurzelnden Mechanismen eines Menschen. Dort sichtbare Strukturen sind Manifestationen von Gedankenformen, mit denen sich schon die Vorfahren Generation um Generation auf die eine oder andere Weise auseinandergesetzt haben. So finden sich auf der lateralen Seite der oberen Irishälfte Informationen über potentielle Wahlmöglichkeiten und auf der medialen, der zur Nase hin liegenden Seite, die Ausdrucksmöglichkeiten. Diese Irishälfte läßt Rückschlüsse auf potentiell mögliche Entscheidungen zu, basierend auf dem genealogischen Material, das von den Erfahrungen aller vorausgegangenen Generationen geprägt wurde.

Mediale Positionen

Die Positionen im medialen oder mittleren Teil der Iriden ermöglichen Einblicke in unbewußte Denk- und Gefühlsprozesse. Dies trifft ganz besonders auf den unteren medialen Quadranten zu. Denny Johnson nennt ihn die »Intimsphäre des Unterbewußtseins«. Die in diesem Quadranten enthaltenen Informationen sind von großer Wichtigkeit, sollten aber nur in einem Klima des Vertrauens übermittelt werden, also nachdem Sie in sich selbst ein feines Gespür für die inneren Herausforderungen und Gaben Ihres Klienten entwickelt haben. Es ist von größter Bedeutung, daß die Information im Geist der Liebe und der Weisheit übermittelt und genutzt wird. Anstatt einem Menschen einfach nur etwas Neues oder gar Schockierendes zu eröffnen, sollten Sie ihm zu einem vertieften Verständnis seiner Problemstellungen und Fähigkeiten verhelfen.

Als Mandala besteht die Iris aus drei konzentrischen Kreisen. Der die Pupille unmittelbar umschließende Kreis ist sehr eng mit dem Mentalkörper verknüpft; auf den mittleren hat der Emotionalkörper den größten Einfluß; der äußere Kreis schließlich korreliert mit dem physischen Körper. Diese Information ist nützlich, will man verstehen, worum es bei den verschiedenen Positionen geht, die Sie »unter die Lupe nehmen«.

Quadranten der Ausdrucks- beziehungsweise Wahlmöglichkeiten

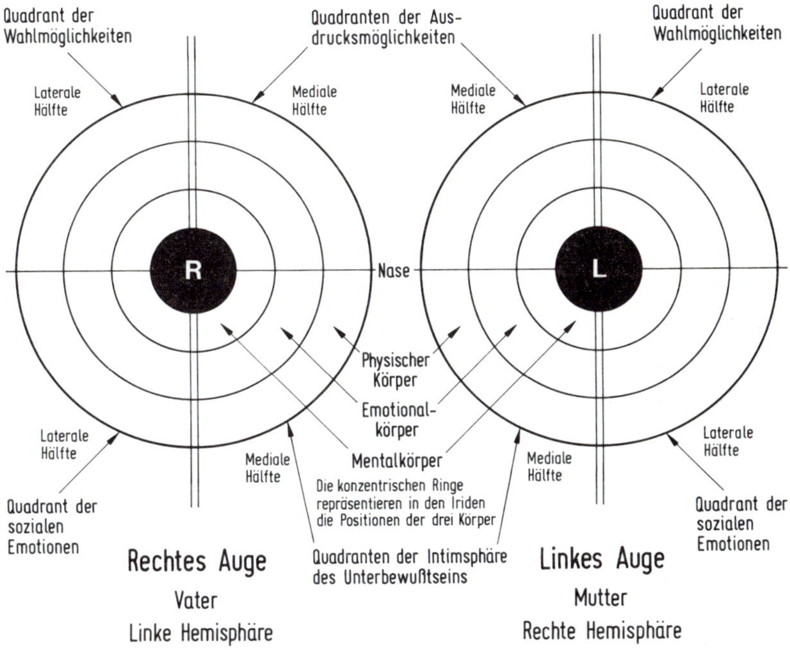

Die Bedeutung der Positionen

Um ein offenes, vertrauliches Gesprächsklima zu schaffen, das es Ihnen ermöglicht, gewonnene Einsichten in die Denk- und Gefühlswelt Ihres Klienten auf die richtige Weise mitzuteilen, sollten Sie es vermeiden, die Irissektoren isoliert zu analysieren. Suchen Sie stets nach dem roten Faden, der die scheinbar losen Enden miteinander verbindet. Jeder Sektor, in dem eine Blume oder ein Juwel präsent ist, stellt eine eigene Geschichte innerhalb einer Geschichte dar. Ihre Aufgabe ist es, den besagten roten Faden in diesen Geschichten zu finden. Wenn Ihnen das gelingt, werden Sie im Leben derer, mit denen Sie hier in Berührung kommen, das magische Feuer neu entfachen. Im Lauf Ihres eigenen Lebens werden sie diese Kunst weiterentwickeln und verfeinern können.

Die folgende Analyse der Chakren, so wie sie sich in den Iriden widerspiegeln, ist als weitere Richtlinie gedacht, die Sie bei der Interpretation der Irismerkmale und ihrer Positionen berücksichtigen können. In den Augen zeigen sich so viele Geheimnisse, daß Sie sich für eine Richtung der Interpretation entscheiden müssen, in der die Informationen spontan und natürlich fließen können. Da die Chakren einen multidimensionalen Ansatz für ein Verständnis der Energiefelder eines Menschen bieten und in wunderbarer Weise mit der menschlichen Psyche und Physiologie korrelieren, sollen sie hier zur Sprache kommen. Eine Harmonisierung und Ausrichtung der Chakren ist nötig, um den Prozeß der *Seelenverschmelzung* und des *Aufstiegs* zu befördern. Ein fundiertes Wissen um die Funktionsweise der Chakren ist daher für die Bewußtseinsevolution eines jeden Menschen von großem Wert.

Sieben Chakren – sieben holographische Positionen

Der Mensch ist, wie bereits erwähnt, holographischer Natur. So wie die Kommunikation zwischen Gehirn und Synapsen in jedem einzelnen Gehirn symbolischer Natur ist, so ist auch die Kommunikation zwischen den verschiedenen Ebenen des Lichts, die die menschliche Struktur in diesem Raum-Zeit-Konstrukt aufrechterhält, symbolisch und holographisch. Dasselbe gilt für die Betrachtung der sieben holographischen Positionen und der Chakren: Jede Position, ob bekannt oder unbekannt, ist holographisch; jede ist mit einer anderen verbunden und reflektiert deren augenblicklichen energetischen Status, unabhängig davon, ob diese aktiv oder inaktiv ist. Ob mit oder ohne Juwelen, Blumen oder Ströme, jede Position beeinflußt energetisch alle anderen Positionen. Wenn aber eines der genannten Merkmale zusätzlich vorhanden ist, signalisiert dies ein sogenanntes »stehendes Wellenmuster«, das dringend der Aufmerksamkeit bedarf. Ein stehendes Wellenmuster bedeutet eine feinenergetische Blockade, meist genealogischen und/oder sozialen Ursprungs. Befaßt man sich nicht bewußt mit diesem Muster, wird das Unterbewußtsein eine Taktik entwickeln, um das Energiefeld zu klären. Je starrsinniger ein Mensch ist, desto wahrscheinlicher wird sich das stehende Wellenmuster als physische Krankheit manifestieren. Wird dieser Zustand gar verdrängt, verstärkt sich die Energieblockade immer mehr, bis schließlich der Tod sie auflöst.

Die Chakren nun sind aufeinander übergreifende feinenergetische Wirbel, die das gesamte aurische Feld durchdringen. Das Chakren-System agiert als ein Ultraleiter, der das Licht in seinen variierenden

Frequenzen bricht und auf die bioelektrischen Ebenen abstimmt und diese Ursprungs-Frequenzen so dem menschlichen Organismus verfügbar macht. Unser physisches Vehikel stellt eine Verdichtung, ein »Kondensat« der ihn einhüllenden feinenergetischen Felder dar. Der Grad der Aktivität der Chakren ist aus dem jeweiligen Irissektor abzulesen. Blumen und/oder Juwelen in diesem Gebiet sind ein Hinweis auf Schwächen oder Stärken dieses feinstofflichen Körpersystems.

Das erste Chakra

Das erste Chakra, das sogenannte Basis- oder Wurzelchakra, sitzt am unteren Ende der Wirbelsäule, am Steißbein im Bereich des *Plexus pelvinus* (Nervengeflecht des Beckens). Es ist ein radförmiger Energiewirbel und Sitz der Kundalinienergie. Dieses Energiezentrum ist primär mit der Erdung und Fortpflanzung der Spezies verbunden. Sie finden es auf der herkömmlichen Iriskarte im Organfeld der Prostata, die beim Mann am engsten mit dem Wurzelchakra verknüpft ist; bei der Frau ist es der Gebärmutterhals. Bei Menschen, die hauptsächlich mit dem ersten Chakra arbeiten, spielt der Geruchssinn die dominierende Rolle. (s. Farbt., Abb. 14A/14B)

Negative Gedankenformen, das Gefühl, von Gott, den Eltern oder der Welt verlassen, aus dem Eins-Sein herausgelöst zu sein, beeinflussen die Energien in diesem Bereich negativ. (Erinnern wir uns: Leben bedeutet Überlebenskampf!) Solange die Menschheit bei den Bedürfnissen des ersten Chakras verharrt, solange schläft auch die Kundalinienergie in den meisten Menschen. Kundalini ist ein Sanskritwort, das sich auf *Ourobouros,* die im Wurzelchakra zusammengerollte Schlangenenergie, bezieht. Diese muß erweckt und bei ihrem spiralförmigen Aufstieg durch die Labyrinthe der Schöpfung in das finale Labyrinth des Gehirns gemeistert werden. Wenn die Lebensenergie, die Lebensspirale, in einem bewußten Mikrokosmos ungehindert zirkuliert, ist dieser Mensch für den Quantensprung des Bewußtseins bereit. Ein Juwel oder eine Blume im Sektor des Wurzelchakras weist darauf hin, daß die Energien dieses ersten Chakras sehr aktiv sind und daß darauf geachtet werden muß, daß sie frei fließen können.

Die sieben Chakren

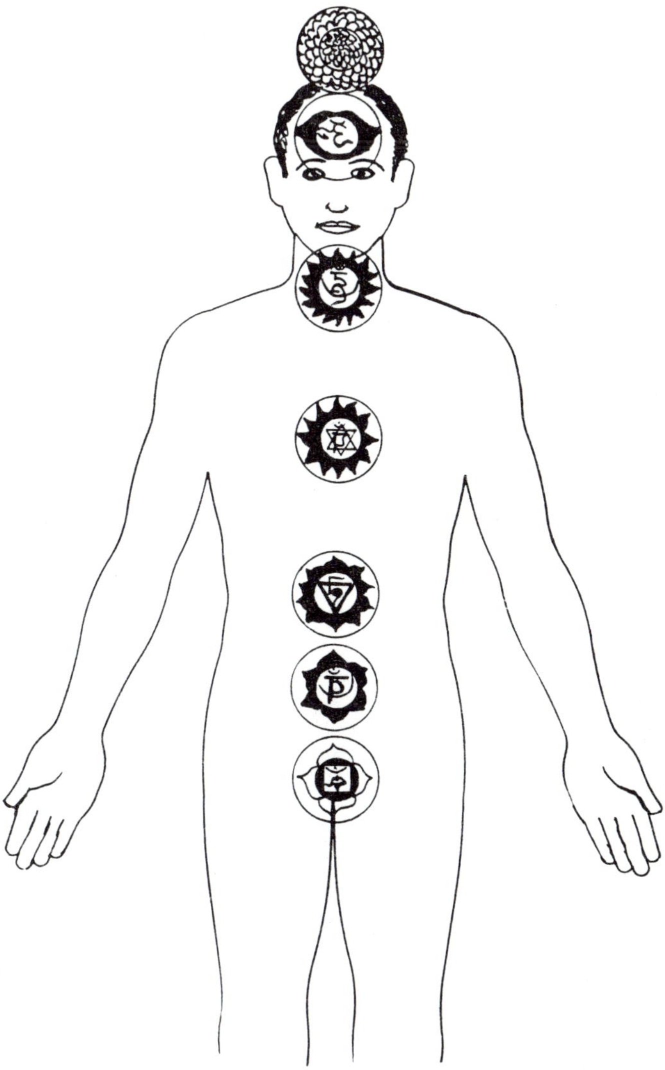

Ein Juwel oder eine Blume im Prostata-Areal kann ein Hinweis auf mental verursachte Phobien sein, die den Willen, nach der Wahrheit zu suchen, schwächt. Dieser Mensch pendelt pausenlos zwischen Selbstbezichtigung und Selbstverteidigung hin und her. »Ich bin im Recht. Ich bin im Unrecht. Aber die anderen wissen es auch nicht besser, also mache ich, was ich will.« Er ist wie hypnotisiert in dem Glauben, daß die Welt schlecht und das Leben ein einziger Überlebenskampf sei. Um sich zu schützen, entwickeln solche Menschen häufig sensitive Fähigkeiten.

Der innere Konflikt, der durch Juwelen oder Blumen im Prostata-Areal angezeigt wird (siehe Rayid-Modell, Positionen *21 WISSEN oder *22 INTIMITÄT), beeinträchtigt ihre Fähigkeit, eine innige, reife Sexualität zu leben. Wenn in einer Familie über Generationen hinweg mentale, emotionale und körperliche Äußerungen liebender Zuwendung nicht zugelassen wurden, kann das unterdrückte und somit ungestillte Verlangen danach sich im Inzest manifestieren. Menschen, die unbeirrt ihren Überlebenskampf führen, erstarren leicht in Denkkonzepten des Massenbewußtseins, die das evolutionäre Potential der körperlichen Liebe verleugnen. Ihre Erstarrung kann sich dann in Form von Frauenhaß, Haß der Erdmutter, der Göttlichen Energie, oder aber in Form von Männerhaß und Ablehnung der maskulinen Energie äußern. B. F. Skinners Bild vom Biocomputer Mensch, dem Menschen also, der nach dem Reiz-Reaktions-Muster funktioniert, wird von unentwickelten, im ersten Chakra steckengebliebenen Menschen verkörpert. Immer wieder hat man sich von verschiedener Seite solcher und anderer technizistischer Vorstellungen bedient und versucht, die Menschheit entsprechend zu kontrollieren und zu manipulieren. Erwachte Wurzelchakra-Menschen nun haben die spezifischen Überlebensthemen dieses Chakras aufgearbeitet und ihm erlaubt, sich der wunderbaren Energie der Erde zu öffnen. Solche Menschen sind wahrhaft »geerdet« und sprühen vor Vitalität.

Das Areal des Beckens (im Rayid-Iris-Modell als Position *11 GEBIETERISCH ausgewiesen) spielt für das Verständnis und die Ausbalancierung der Chakren ebenfalls eine wichtige Rolle. »Gebieterisch« wie auch »geerdet« sind für diesen Bereich sehr zutreffende Charakterisierungen, die helfen, die Persönlichkeit von Menschen besser zu verstehen, bei denen dieser Bereich durch einen Juwel, eine Blume oder durch Strom-Merkmale gekennzeichnet ist. Wenn solche Menschen aus einem vertieften Selbstgewahrsein heraus agieren, erlauben sie sich selbst, in einem Körper auf der Erde vollkommen zu Hause zu sein. Sie sind hier zu Hause und tief im Herzen von Mutter Erde verwurzelt, von der sie sich bedingungslos unterstützt fühlen. Ihr Leben in dieser Welt ist ein harmonisches Fließen in vollkommener Gewißheit. Sie sind ausreichend geerdet, um die Welten der höheren Chakren erforschen zu können.

Einer unserer wichtigsten Bezugspunkte im Irrgarten genealogisch-sozialer Konditionierungen ist der Atem. Der Atem ist feinstoffliche Nahrung, die der Mensch viele Male am Tag zu sich nimmt. Wenn der Atem nun bewußt vom Wurzelchakra aufwärts ins Scheitel- oder Kronenchakra gelenkt wird, bedeutet das ein kraftvolles Signal an den Kosmos und an das Größere Selbst, ein »Ansaugen« des Erwachens und des Licht-Seins. Die bewußte Lenkung des Atems vitalisiert alle Chakren und kann bewirken, daß jedes einzelne mit seiner spezifischen Thematik ins Reich der Evolution gebracht wird. Klären Sie also Ihre Absichten, und gestatten Sie sich, den Reichtum Ihrer Gaben zu erfahren, den Ihre Augen Ihnen enthüllen. Informieren Sie Ihre Klienten über ihre Chakraenergien und die Möglichkeit, mehr Licht in ihr ganzes Sein zu bringen.

Das zweite Chakra

Der Sitz des zweiten Chakras ist im Bereich des *Plexus hypogastricus* (oberes Becken-Nervengeflecht). Es wird mit dem Hoden des Mannes beziehungsweise den Eierstöcken der Frau sowie dem Sexualtrieb assoziiert. Milz und Leber sind ebenfalls eng mit diesem Energiezentrum verbunden. Hier entsteht die Selbst-Erkenntnis einer eigenständigen Identität oder eines Egos. Es wird daher auch als »Polaritäts-Chakra« bezeichnet. (s. Farbt., Abb. 15A/15B)

Dies ist der Punkt der Evolution, an dem der Mensch – etwa zwischen dem siebten und dem vierzehnten Lebensjahr – sein individuelles Eins-Sein erfährt. Er beginnt aus dem formlosen, unbesetzten Bewußtsein aufzutauchen und zu persönlicher Bewußtheit zu erwachen. Selbstbefriedigung und hormonell gesteuerte Sexualität entspringen diesem Zentrum, verbunden mit einer gewissen Aggressivität, mit der an immer besseren und längeren Orgasmen gearbeitet wird. Primäres Ausdrucksorgan dieses Chakras sind die Genitalien, primäres Sinnesorgan ist der Geschmackssinn. Sigmund Freud gründete seine Psychoanalyse auf dieses Chakra, in dem er selbst energetisch steckengeblieben war. Dieses Chakra hat einen etwas schalen, verwässernden Gefühlsaspekt. Es ist mit der Auflösung von Dualitäten beschäftigt, mit der Synthese von Polaritäten. Es ist das Zeugungs- oder Fortpflanzungschakra. An diesem Punkt beginnt der Licht-Körper sich physisch zu manifestieren, und hier werden Gefühle verarbeitet.

Im Rayid-Iris-Modell ist die Position *2 VERGEBUNG der wichtigste Indikator einer Grundlektion, die es auf dem Weg der Evolution zu subtileren und kreativeren Bewußtseinszuständen zu lernen gilt. Menschen, die sich weigern, an ihrer Weiterentwicklung zu arbeiten und die Verantwortung für sich zu übernehmen, kämpfen in ihrem Leben mit Versagensängsten, Widerwillen und der Furcht vor Zurückweisung. Ist eine Blume oder ein Juwel in dem entsprechenden Feld erkennbar, so haben Sie einen Menschen vor sich, der dazu neigt, Schuld bei jedem anderen, allen voran den Eltern, zu suchen, nur nicht bei sich selbst. Ein Juwel im linken Auge weist auf eine verbitterte Haltung der Mutter gegenüber hin, die die Beziehung dieses Menschen zum weiblichen Geschlecht so lange belastet, bis Vergebung möglich ist. Generell wird Leiden dazu benutzt, sich selbst und andere zu mißbrauchen beziehungsweise zu manipulieren. In solchen Fällen, so Denny Johnson, »ist Vergebung die Tür zu jeglicher Art von Veränderung«.

Heilung, die Bewegung in Richtung eines bewußteren Seinszustandes, geht Hand in Hand mit der vollständigen Akzeptanz der eigenen Verantwortung für die eigenen Entscheidungen und das eigene Selbst. Die Erkenntnis, daß man seine eigene Wirklichkeit selbst erschafft, befreit den Emotionalkörper von den Fesseln des reaktiven Verhaltensmodus, in dem Ablehnung und/oder Vergebung zwangsläufig eine große Rolle spielen, und ermöglicht es ihm mehr Energien von der Ebene des Größeren Selbst aufzunehmen. Wenn ein Mensch bewußt die Verantwortung dafür übernimmt, daß er der Schöpfer seiner eigenen Realität ist, hält er den Schlüssel zur Auflösung der Dualitäten Mann/Frau, Eltern/Kind, freier Wille/Schicksal in der Hand.

Das dritte Chakra

Der *Plexus solaris* (Solarplexus), oder auch *Plexus coeliacus*, ist der Manifestationsort des dritten Chakras, das mit Pankreas und Nebennierendrüsen in Verbindung steht. (s. Farbt., Abb. 16A/16B)

An ihm läßt sich die potentielle Vitalität eines Menschen erkennen und die Art und Weise, in der er Energie verarbeitet. Von hier aus wird die Aufnahme und Verdauung beziehungsweise Assimilierung von physischer und feinstofflicher Nahrung befördert. Sein Element ist das Feuer, dominierendes Sinnesorgan die Augen. Das primäre »Arbeits-«organ dieses Chakras sind die Füße und Beine. Wenn ein Mensch ein gestörtes Verhältnis zu seinen Lebenskräften hat, wenn hier eine Inkongruenz besteht, so zeigt sich dieses Mißverhältnis an den Energieemanationen seiner Augen. Für Menschen, die weder ihre innere Mitte noch sonst eine befriedigende Lebensaussage gefunden haben, ist egoistisches Streben nach Macht die Haupttriebfeder des Lebens. Aus ihrem Minderwertigkeitsgefühl heraus, aber auch aus Angst davor, dominiert zu werden, werden sie selbst dominant. Weil sie nicht wissen, daß sie bereits Sieger sind, fühlen sie sich genötigt, auf Kosten anderer Erfolge zu erzielen, um ihre eigene egoistische Identität in dieser Welt zu entwickeln. Für das Gefühl, alles unter Kontrolle zu haben, gefährden sie ihre Gesundheit und setzen Familie und Freundschaften aufs Spiel. Nichts ist ihnen zuviel, wenn es darum geht, das Bild, das sie von sich selbst geschaffen haben, aufrechtzuerhalten.

Sobald diese Menschen aber lernen, sich selbst treu zu bleiben, ihrem innersten Wesen zu vertrauen, können sie zum leuchtenden Beispiel der Macht der Selbstlosigkeit werden. Mit der Klärung des dritten Chakras werden auch Verdauungs-, Assimilierungs- und Probleme des »Loslassens« geklärt. Mit einem durch Meditation harmonisierten Solarplexus werden auch die Phantasien dieser Menschen sehr kreativ.

Im Rayid-Iris-Modell korrespondiert die Position *17 VERTRAUEN mit dem Bereich der Nebennieren. Die Hauptlektion, die Menschen mit Merkmalen in diesen Irissektoren zu lernen haben, heißt *Vertrauen*. Die Position *5 GEBEN entspricht dem Areal des Pankreas. Hier kann man die Gaben erkennen, die Menschen erwachsen, die sicher in ihrem göttlichen Selbst verankert und bereit sind, ihre großzügigen Lebensgaben mit anderen zu teilen. Wenn diese Menschen ihren eigenen Wert erkennen, die Essenz ihrer Schönheit, fürchten sie keine Armut mehr, noch brauchen sie andere zu beneiden. Was immer sie benötigen, sie ziehen es an wie ein Magnet, ohne Menschen oder Umstände manipulieren zu müssen. Das Leben gewinnt für sie seine Schönheit zurück, sobald sie furchtlos aus ihrer eigenen Kraft schöpfen und aufhören zu glauben, sie müßten sie sich aus anderen Quellen holen.

Das vierte Chakra

Das vierte Chakra, das Herzchakra oder Herzzentrum, ist im Bereich des *Plexus cardiacus* lokalisiert. Es ist das Chakra des Ausgleichs zwischen den drei oberen und den drei unteren Chakren; es steuert deren Wechselspiel. (s. Farbt., Abb. 17A/17B)

Hauptsinnesorgan ist die Haut; die Hände sind die physische Manifestation dieses Zentrums. Im Rayid-Iris-Modell finden wir eine Korellation zwischen Position *45 HERZ und dem Thymus in *27 VERZÜCKUNG. Ein Juwel im Herzareal weist darauf hin, daß die betreffende Person oder ihre Eltern ein schweres Trauma erfahren haben müssen, eine Trennung zum Beispiel, oder auch an sehr tiefsitzendem Kummer leiden. Eine Blume hingegen bedeutet, daß dieser Mensch zu Depressionen neigt, sich immerfort nach Liebe verzehrt und doch einsam fühlt, auch wenn er Liebe findet. Solche Menschen werden von ihrem Unterbewußtsein dazu genötigt, ihr Herz zu heilen und zu lernen, das Leben mental, emotional und physisch zu umarmen. Wenn sie begreifen lernen, daß sie kein Opfer ihrer genealogisch-sozialen Konditionierungen sind, schwingt sich ihr Geist befreit auf, und sie sind in der Lage, selbst tiefste Wunden zu heilen. Denn diese Erkenntnis aktiviert auch ihre Gabe zu wahrem Mitgefühl und tiefer Freude.

Die Thymusdrüse entspricht, wie bereits angedeutet, der Position *27 VERZÜCKUNG. Befindet sich in ihrem Irisareal eine Blume oder ein Juwel, so verfügt dieser Mensch über das innere Potential und den Mut, sein multidimensionales Sein zu erforschen. Er muß über die Dreidimensionalität seiner Leben hinauswachsen. Lehnt er dies ab, kann er ein überaus schändliches Verhalten an den Tag legen, hyperkritisch und sogar grausam sein, wenn er auch nur eine Spur von Unschuld in einem anderen Menschen entdeckt. Ist er aber in seinem Herzchakra erwacht, ist er in seiner inneren und äußeren Welt gleichermaßen zu Hause. Eitelkeiten und Ego des ersten, zweiten und dritten Chakras belasten ihn nicht länger. Ein klares innerstes Denken zu entwickeln und aufrechtzuerhalten, ist für Herzchakra-Menschen lebenswichtig. Der Herzschmerz dieser Menschen wird sehr real erfahren, im wahrsten Sinne des Wortes. Solange sie in ihrem Herzchakra ausbalanciert sind, erfahren sie Frieden und Klarheit auf ihrem Weg. Die Stürme und Wirren des Überlebenskampfes der unteren Chakren bringen sie nicht aus dem Gleichgewicht. Vertrauen und der Glaube an das tiefe Wohlwollen des Universums charakterisieren Menschen, die fest in ihrem Herzzentrum verankert sind.

Während Sie sich weiter in die Beziehungen zwischen Iriszeichen und Chakren vertiefen, versuchen Sie, für Mitteilungen Ihres feinstofflichen Körpers offen zu sein. Vielleicht haben Sie das starke Gefühl, mit dem Pendel oder den Händen Zusätzliches über Ihren Klienten in Erfahrung bringen zu wollen. Zu manchen Zeiten fließen die Informationen nur zäh und spärlich, zu anderen dafür um so reichlicher. Vergessen Sie nie in Kopf und Herz, daß auch Ihr Klient bereit sein muß, sich zu öffnen. Solange er sich verschließt, sich nicht »berühren« läßt, werden Sie ihn nicht heilen können.

Das fünfte Chakra

Das Kehlkopfchakra (Bereich des *Plexus caroticus* oder *Plexus pharingeus*) ist das Kraftzentrum der Manifestation. Im Rayid-Iris-Modell wird es mit den Positionen *28 STIMME, *31 RAT und *46 MITGEFÜHL angegeben. Position *46 ist das Reflexionsareal der Schilddrüse, die partiell auch zum genannten Nervengeflecht in Beziehung steht. Die Stimmbänder sind das Hauptausdrucksorgan. (s. Farbt., Abb. 18A/18B)

Menschen, die in diesem Chakra zentriert sind, bemühen sich um eine tiefe Reinheit, um eine Verfeinerung, die sie zu wahrem, tiefem Mitgefühl befähigt. Es sind hellhörige Wesen mit einem ausgeprägten

Feingefühl für viele Ebenen nonverbaler Kommunikation, weswegen sie auch mit Menschen, die nicht gewahren, daß oder was sie übermitteln, kommunizieren können. Sind Kehlkopfchakra-Menschen aber nicht im inneren Gleichgewicht, und sind sie somit ohne Mitgefühl, können sie die Macht ihrer Stimme durchaus mißbrauchen, um andere zu paralysieren und zu deaktivieren. Der erwachte Kehlkopfchakra-Mensch ist nicht nur an seiner eigenen Reinigung und am eigenen Prozeß des *Aufstiegs* interessiert, sondern auch an dem des Sozialkörpers der Menschheit. »Die Zunge wurzelt im Herzen.« Der reine Klang der Stimme eines erwachten Kehlkopfchakra-Menschen wirkt sich befreiend und heilend auf Herz und Verstand seiner Mitmenschen aus.

Zwischen fünftem und drittem Chakra besteht eine direkte Verbindung. Kehlkopfchakra-Menschen tragen das Potential in sich, die menschliche Ebene des Seins wahrhaft zu verstehen und durch ihr Mitgefühl zu bereichern oder aber ihr intuitives Wesen zu geschickter Manipulation zu mißbrauchen. Beide Typen haben in der Geschichte der Menschheit ihre Spuren hinterlassen.

Das sechste Chakra

Das Stirnchakra (Bereich *Medulla oblongata*) hat seinen Sitz zwischen den Augenbrauen. Es ist der Ort jenes berühmten »Dritten Auges« und steht mehr mit der Hypophyse in Verbindung als mit der Zirbeldrüse. Im esoterischen Denken ist die Hypophyse der Schüler der Meisterdrüse, der Zirbeldrüse. Die Hypophyse überwacht den Magnetpol des bioelektrischen Felds; die Zirbeldrüse ist der positive Pol des bioelektrischen Feldes und ihrerseits mehr mit dem Scheitel- oder Kronenchakra verbunden. (s. Farbt., Abb. 19A/19B)

Aus Darstellungen alter ägyptischer Kopfbedeckungen wird ersichtlich, daß es zwischen dem sechsten und dem zweiten Chakra eine direkte Verbindung gibt. Auf dem Khepresch, dem Kriegshelm der Pharaonen, zum Beispiel, taucht aus dem Stirnchakra der Kopf einer Kobra auf. Das bedeutet, daß die alten Initiationskulturen über hochentwickelte Bewußtseinstechnologien verfügten, die es ihnen ermöglichten, alle Gehirne zu meistern. Diese Kulturen veranschaulichten

Rückenmark, Medulla oblongata (limbisches System) und Kleinhirn (Cerebellum) im Bild der zusammengerollten Schlange, die erweckt werden mußte, ehe die höheren Zentren im zerebralen Kortex (der Großhirnrinde = *Cortex cerebri*) geöffnet werden konnten. Erst dann funktionierten alle Gehirne des Menschen in Einheit. Die moderne Gehirnforschung staunt über das Potential der Großhirnrinde und der Schüler- und Meisterdrüsen Hypophyse und Zirbeldrüse. Wenn Physiologie und Psychologie sich im Geist des Licht-Bewußtseins vereinen werden, wird dies für die menschliche Evolution von entscheidender Bedeutung sein. Doch noch ist sich der Mensch der Moderne nicht im klaren darüber, welches Potential in ihm schlummert, direkt am Kosmischen Bewußtsein teilhaben zu können.

Die Hirnanhangsdrüse wird im Rayid-Iris-Modell mit den Positionen *36 REZEPTIVITÄT, *37 DIPLOMATIE und *39 SELBST angegeben. Findet sich ein Juwel oder eine Blume im entsprechenden Projektionsareal, können Sie auf die Aufgabenstellung des Betreffenden in dieser Inkarnation schließen. Ob überaktiv oder wenig aktiv, er verfügt über ein großes Potential, die Essenz des Lebens zu erkennen. Sind solche Menschen nicht auf der Suche nach wahrem Wissen, können sie die Unausgewogenheit jener manifestieren, die getrieben sind, Erfolge zu erzielen, die keinerlei Würdigung finden. Ihr Ego treibt sie, einem leeren Traum nachzujagen.

Wird das Stirnchakra positiv aktiviert, personifizieren die Betreffenden den Inbegriff von Bewußtheit, den sechsten Sinn, der zum gegenwärtigen Zeitpunkt auf diesem Planeten kaum Ausdruck findet. Ihr hellsichtiges Verständnis von der Relativität dieses irdischen Lebens, kombiniert mit ihrem Wissen um Unsterblichkeit, verleiht diesen Menschen unzweifelhaft eine Aura von Autorität und Kraft.

Das siebte Chakra

Die Zirbeldrüse ist aus dem Dach des dritten Gehirnventrikels (der zum größten Teil dem Zwischenhirn angehört) hervorgegangen. »Der dritte Hirnventrikel wird aus der erhaltengebliebenen mittleren Höhle der ersten primitiven Gehirnblase gebildet.« (Van Nostrands Wissenschaftliche Enzyklopädie, 5. Ausgabe.) Anders ausgedrückt bedeutet dies, daß es eine direkte Verbindung von siebtem Chakra und Zirbeldrüse, dem ältesten der Gehirne, gibt, das gleichzeitig einen der Zugänge zum Prozeß des *Aufstiegs* darstellt. Die Zirbeldrüse sitzt in einer kleinen Höhle, der »Höhle Brahmans«, wie sie vor Tausenden von Jahren bereits genannt wurde, hinter und oberhalb der Hypophyse. Sie ist umgeben von einer Flüssigkeit, dem sogenannten Liquor, mit der die Hirnventrikel gefüllt sind und die das Medium darstellt, durch welches die »Gottesgeschenke«, die höher entwickelten Gehirnzentren, mit den niederen, irdischen Gehirnen der Darwinschen Evolutionstheorie verbunden sind. (s. Farbt., Abb. 20A/20B)

Die bewußte Lenkung des Atems ist die beste Technologie und ein Mittel, um alle Chakren zu erwecken und zu harmonisieren. Atemtechniken, kombiniert mit Mantras, Yantras und Mudras, sind der Schlüssel zum inneren Tempel des Menschen. Die Kundalinienergie wirkt derzeit in allen Gehirnen, es geht nun darum, ob wir entscheiden, unser Egobewußtsein, unser »politisches« Leben, aufzugeben, um zu jenen Meistern zu werden, die wir schon immer waren. In unserer gegenwärtigen Kultur, die eine Evolution des Bewußtseins für die Domäne von ein paar Außenseitern hält, beginnt die Zirbeldrüse während der zweiten Lebensdekade zu verkümmern, wenn das physische Vehikel seine volle Reife erlangt hat. Studien jüngeren Datums belegen, daß bei über siebzig Prozent aller diesbezüglich untersuchten Personen über sechzig die Zirbeldrüse vollkommen verkümmert ist. Wir leben in einer Gesellschaft, die Bewußtsein hauptsächlich quantitativ erfaßt, als eine bestimmte Anzahl von Gedächtnisfunktionen zum Beispiel, anstatt es qualitativ, als Schnittstelle paralleler Dimensionen der Intelligenz, zu betrachten.

Anatomisch-topographisch liegt die Zirbeldrüse in der Nachbarschaft der Hypophyse. Im Rayid-Iris-Modell entspricht ihr die Position *38 TUGEND. Tugend oder Tugendhaftigkeit ist ein spirituelles Bild, aber wahre Spiritualität, wie sie sich in einem erwachten Scheitelchakra-Menschen manifestiert, ist ungleich mehr als das. Ein nicht erwachter Mensch, der in diesem Irissektor Merkmalsstrukturen aufweist, ist oft überkritisch und unfähig, den Geist in seinem Leben am Werk zu sehen. Ein Juwel als Merkmal deutet darauf hin, daß persönliche Gaben primär über den Mentalkörper zum Ausdruck gebracht werden, wie auch die Verarbeitung von Themen, die mit dem eigenen inneren Wachstum zu tun haben, hauptsächlich auf mentaler Ebene geschieht. Die Gegenwart einer Blume macht den emotionalen Inhalt dieses Prozesses deutlich.

Im physischen Vehikel dient die Zirbeldrüse als meisterlicher Zeitgeber für alle biologischen Uhren, die durch die subtilen Dienste des endokrinen Systems gesteuert werden. Der Zustand der endokrinen Drüsen ist ein Hinweis auf die Entscheidungen, die ein Mensch hinsichtlich der Bewußtseinsevolution getroffen hat. Aufgrund der direkten physiologischen und spirituellen Verbindung zwischen siebtem und erstem Chakra ist es möglich, einen Eindruck davon zu bekommen, wie gut ein Mensch mit seinem sterblichen und seinem unsterblichen Körper verbunden ist. Das heißt, wie gut er in der Lage ist, sein endliches und sein unendliches Sein gleichzeitig anzunehmen. Dieser Prozeß, der »Prozeß der *Seelenverschmelzung*, gleichsam auf dem Kamm der kosmischen Welle zu reiten und mit ihr zu verschmelzen, ist das, woran die Menschheit in unseren Tagen arbeitet. Menschen, die die Einladung des Universums, das Eins-Sein mit ihrem Seelenkörper zu erfahren, abschlagen, bereiten sich auf eine neuerliche Wiederholung ihres Experiments vor. Harmonisierung und Koordinierung aller Vehikel – das ist sowohl die Herausforderung als auch das Geschenk dieses Lebens.

Kapitel sechs

Anleitung zur Irisanalyse

Der Erfolg der Spirituellen Irisanalyse hängt maßgeblich von einem Faktor ab, und der heißt *Vertrauen.* Eine Sitzung ist dann erfolgreich, wenn sich beide Partner zur bedingungslosen Selbstliebe befähigt fühlen, im Vertrauen darauf, daß die Informationen aus den höchsten Reichen des Lichts kommen und die Essenz des Augenblicks berühren. Bitten Sie das Größere Selbst Ihres Klienten vor jeder Sitzung, nur die Informationen durchzugeben, die diesem zu seinem höchsten Wohl gereichen, und bekräftigen Sie den Wunsch danach, selbst ein klarer Empfänger und Übermittler dieser Nachrichten zu sein. Körperliche Nähe ist dabei unumgänglich. Wie sonst könnten Sie durch die Fenster der Seele eines Menschen schauen und mit ihm auf dieser subtilen Ebene kommunizieren? Deshalb sollten Sie sich auch ganz und gar der Verletzlichkeit Ihres Klienten *und* auch Ihrer eigenen öffnen. Die Kommunikation ist authentischer, wenn schützende Panzer abgelegt werden. Ermöglichen Sie es Ihrem Gegenüber, sich trotz seiner Verletzlichkeit wohl und geborgen zu fühlen, dann werden seine Augen Ihnen alles mitteilen, was das Größere Selbst es wissen lassen möchte. Für den Ratgebenden ist es eine der größten Herausforderungen, angesichts der eigenen Verletzlichkeit offen und doch in sich selbst gefestigt zu bleiben. Sie müssen sogar so viel Vertrauen in sich selbst und in ihre »Instrumente« haben, daß Sie einem Menschen die Möglichkeit einräumen können, seine »Rüstung« anzulassen, während Sie sich an sein schwerbewachtes Herz herantasten. Manchmal werden Sie erleben, daß Rüstungen, die jahrelang nicht abgelegt wurden, vor Ihren Augen von ihrem Träger abfallen. Manchmal wird sich aber auch in Ihnen ein Gefühl des Versagens breitmachen, weil es Ihnen scheinbar nicht gelingt, den Wesenskern Ihres Gegenübers, den Sie durchaus »sehen«, zu berühren. Der Grund dafür kann darin liegen, daß der Betreffende selbst nur noch eine schwache Erinnerung an seine eigene Essenz hat.

Am Anfang benötigen Sie nicht viel mehr als eine Taschenlampe und eine mindestens dreifach vergrößernde Lupe. Es gibt eigens für diesen Zweck kombinierte Ausführungen und spezielle Kameras für die Irisfotografie, die eine große Hilfe bei der Irisinterpretation sind. Für jeden Menschen ist es ein außerordentliches Erlebnis, seine Augen bis zu 1000fach vergrößert auf einem Dia zu sehen. Für die Betrachtung Ihrer eigenen Augen gibt es ebenfalls brauchbare Kombinationen aus

Lichtquelle und Spiegel. Am Ende des Buches finden Sie eine Liste aller für die Irisinterpretation nützlichen Hilfsmittel.

Richten Sie Ihre Aufmerksamkeit zunächst auf Gesichtszüge und Körperhaltung Ihres Gegenübers. Beide liefern einen ersten Eindruck, den Hintergrund für die spezifischere Irisanalyse. Die Physiognomie liefert wichtige Hinweise, die intuitiv verstanden werden können als Informationen über die Wege, die jemand in diesem Leben abschritt und abschreitet. Trachten Sie immer danach, die Essenz seiner inneren Absichten zu verstehen, das Wesen seiner Individuation, das immer da ist und kein Ego hat und durch die sozio-kulturelle Maske hindurchscheint. Diese Essenz ist wie ein facettenreicher Diamant, und jede Facette weist Eigenschaften auf, die allen Facetten gemein sind. Wenn Sie sich an diese Essenz wenden, dürfen Sie darauf vertrauen, daß die Kommunikation von Größerem Selbst zu Größerem Selbst geschieht. Dieses Vertrauen befreit Sie von vorgefaßten Meinungen über Ihren Klienten und schwächt gleichzeitig die Versuchung ab, Dinge zu sagen, die sein Ego von Ihnen hören möchte.

Das Gesicht vermittelt also einen ersten Eindruck davon, was für ein Mensch zu Ihnen kommt, wie seine Lebensmuster aussehen und welche Richtung er eingeschlagen hat.

Nach diesen ersten Eindrücken geht es nun sozusagen um die Feineinstellung. Die linke Gesichtshälfte repräsentiert die existentielle Ausrichtung, die Grundvorstellungen, woher und wie man in sein reales Selbst gekommen ist. Die rechte Gesichtshälfte repräsentiert die Einflüsse des sozialen Umfelds: wie das Leben angepackt wird, welcher Mittel sich ein Mensch dabei bedient. Es geht also um das projizierte Selbst, das Image, das ein Mensch von sich selbst vermitteln will. Jetzt erst wenden Sie Ihre Aufmerksamkeit beiden Augen zu. Wie hat dieser Mensch das Leben bisher erfahren? Wie ist sein Lebensgefühl? Das linke, rezeptive Auge beinhaltet Informationen über das Selbstverständnis des Menschen und das Schicksal oder Lebenslos, dem er sich verpflichtet fühlt. Das rechte, aktive Auge enthält Informationen über die Weltsicht, darüber, welche Erwartungen man an die Welt hat, und was man um sich herum sieht.

Was wir suchen, sind die essentiellen Eigenschaften eines Menschen, um deren Präsenz im täglichen Leben zu verstärken. Solche Eigenschaften sind nur allzuoft hinter starren Verhaltensmechanismen und

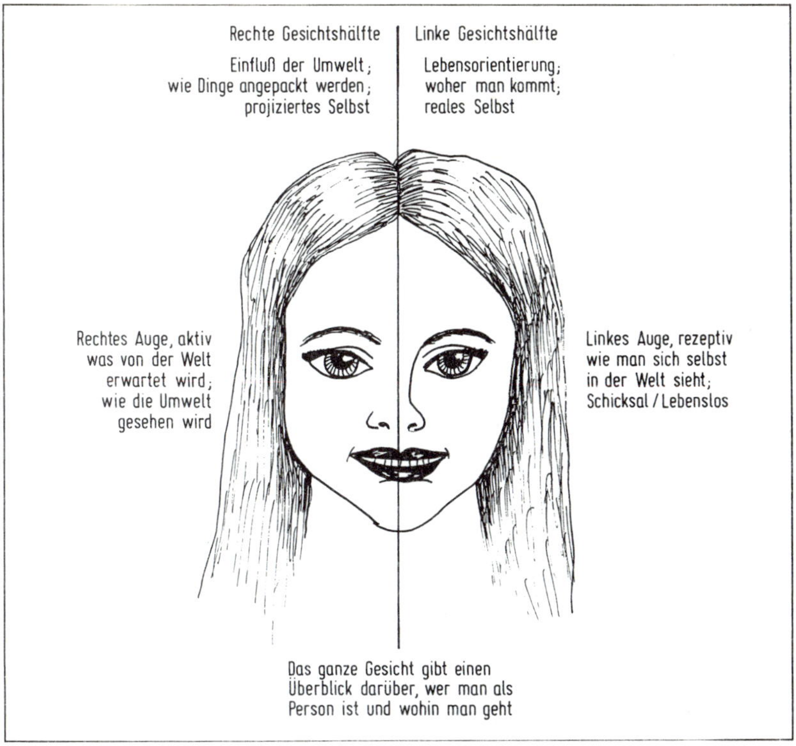

Körperhaltungen versteckt. Sie freizusetzen, erfordert von der betreffenden Person, absichtsvoll »sehen« zu wollen. Die nachfolgende Aufstellung einiger jener essentiellen Eigenschaften erhebt keinen Anspruch auf Vollständigkeit, sondern will vielmehr verdeutlichen, was unter »essentiellen Eigenschaften« eigentlich zu verstehen ist.

1. Kraft: das Gefühl, Einfluß zu haben, effizient zu sein.
2. Agape: bedingungslose Liebe.
3. Bescheidenheit/Demut: unvoreingenommene, offene Bewußtheit.
4. Innerer Friede/Heiterkeit: Gelassenheit, Zentriertheit.
5. Wille: klare Absichten.
6. Wahrheit: aufrichtig, authentisch, ehrlich.
7. Hingabe: Fähigkeit, mit dem Ursprung zu verschmelzen.
8. Mitgefühl: die Erfahrungen anderer verstehen und sich darauf einstellen können.

9. Autonomie: geführt sein, kosmisch ausgerichtet sein, trotzdem individuell unterschieden.
10. Wissen: stilles oder inneres Wissen.
11. Leidenschaft: das Leben ganzheitlich erfahren.
12. Offenheit: den Fluß des Lebens zulassen, ohne sich dagegen zu wehren.
13. Bewußtsein: Gewahrsein, verbunden sein, in Berührung sein.
14. Freude: spontane, nicht kalkulierte Reaktion auf das Leben.
15. Fluidität: das Gefühl innerer Freiheit, fließen/Fluß.
16. Verständnis: Einfühlungsvermögen in die Metaebene des Absoluten, Weisheit.
17. Fürsorge: sich um andere kümmern.
18. Samadhi: kosmische Einheit aller Körper.

Wie schon erwähnt, ist diese unvollständige Liste essentieller Eigenschaften nur ein Versuch, um die Natur der Essenz wenigstens annähernd zu beschreiben; sie kann beliebig erweitert oder auch verkürzt werden. Auf dieser Basis wenden wir uns nun jedem einzelnen Auge zu.

Das linke Auge korelliert mit:
1. der Mutter und ihrer Genealogie,
2. der generellen Einstellung und dem Verhalten dem weiblichen Geschlecht gegenüber,
3. den Funktionen der rechten Gehirnhemisphäre.

Das rechte Auge korreliert mit:
1. dem Vater und dessen Genealogie,
2. der generellen Einstellung und dem Verhalten dem männlichen Geschlecht gegenüber,
3. den Funktionen der linken Hemisphäre.

Die wissenschaftliche Diskussion über die Funktionen der rechten und linken Gehirnhälfte dauert an. Aber denken Sie daran, daß wir sieben physische Gehirne haben und entsprechend sieben sie umgebende Felder verschiedener Licht-Frequenzen.

Konzentrieren Sie sich jetzt auf die Augen. Gibt ein Auge mehr Energie ab als das andere? »Schont« Ihr Klient eines seiner Augen (in energetischer Hinsicht)? Haben Sie das Gefühl, als würde ein Auge etwas anderes sagen als das andere? Wie ist der Glanz der Augen beschaffen? Welches Gefühl haben Sie bezüglich Charakterstärke, Gesundheit und Vitalität? Können Sie tief in das Augenpaar eintauchen, ohne daß irgendwelche Warnlichter angehen, oder daß sie an einem Schutzwall abprallen? Das innere Selbst registriert diese Art von Information unaufhörlich; es gibt keine wirklichen Geheimnisse zwischen den Menschen. Auf dieser Ebene der bewußten Kommunikation gibt es nichts Wichtiges, was Sie nicht bereits wüßten. Eine spirituelle Interpretation der Iris ist eine holistische Betrachtungsweise, die sich nicht in der Analyse von Teilaspekten verliert, sondern immer das Ganze im Auge behält, das Fließen aller Energien. Ist dieser Fluß gestört, kann mit ihrer Hilfe das stehende Wellenmuster aufgespürt werden, das eine positive Weiterentwicklung behindert. Gleichzeitig ermöglicht sie es, die Bedeutung dieser Problematik innerhalb der Gesamtökonomie dieses Menschen zu bestimmen.

Mehr über Blumen, Juwelen, Ströme und Mischtypen

Wenn Sie ein Gefühl dafür entwickelt haben, wer die Person in ihrer Ganzheit ist, und die dominanten essentiellen Eigenschaften bestimmt haben, sind Sie in der Lage, sich detailliert mit deren Aus-Druck in der Iris zu befassen. An erster Stelle steht die Bestimmung der Kernstruktur. Handelt es sich um einen Blumen-Typ, einen Juwelen-Typ, einen Strom- oder einen Mischtyp? Juwelen sind nicht immer auf den ersten Blick zu erkennen. Manchmal sind es nichts weiter als kleine, unscheinbare Fleckchen, manchmal wiederum sehr ausgeprägte Merkmale. Auch die Blumen fallen sehr unterschiedlich aus: Es gibt offene, geschlossene, runde und elliptische. Ströme (Irisstroma) wiederum können geradlinig oder geschwungen verlaufen. Sie werden auf eine Vielzahl struktureller Unterschiede und Abstufungen stoßen, was allerdings nichts an den vier Kernstrukturen Juwel, Blume, Strom und Mischtyp ändert. Selbstverständlich gibt es aber viele Varianten. Bestimmen Sie also zunächst die Kernstruktur, indem Sie feststellen, welche Merkmale überwiegen, ob Juwelen, Blumen oder Ströme. Dabei werden Sie Strom-Juwelen-Typen, Strom-Blumen-Typen, Blumen-Mischtypen und so weiter begegnen. Erlauben Sie sich , auch Ihre ganz eigenen Worte bei der Identifikation der Kernstruktur und ihrer Eigenschaften zu verwenden, das verleiht der Aussage mehr Gewicht. Für gewöhnlich lassen sich Juwelen am leichtesten bestimmen. Das Vorhandensein einiger Juwelen weist signifikanter auf eine Juwelen-Persönlichkeit hin als das Vorhandensein einiger Blumen auf einen Blumen-Typ.

Sind Sie rechts oder links?

Als nächstes gilt es zu bestimmen, welche Hemisphäre die dominante Rolle spielt. Stellen Sie fest, in welchem Auge die meisten Strukturen vorkommen und welches die intensivere Färbung aufweist. Die Irisstrukturen werden bereits bei der Empfängnis festgelegt. Tritt die Mehrzahl der Strukturen im linken Auge auf, ist der Einfluß der Mutter stärker, die rechte Hemisphäre ist aktiver; sind die Merkmale in der rechten Iris zahlreicher, ist die linke Hemisphäre die aktivere von beiden (Einfluß des Vaters). Sind beide Iriden mit gleich vielen oder gleich wenigen Strukturen ausgestattet, so daß eine eindeutige Bestimmung nicht möglich ist, bedeutet dies, daß die hemisphärische Dominanz für die Interpretation dieser Iriden keine entscheidende Rolle spielt. Dennoch ist sie nicht gänzlich ohne Belang. Um sich zusätzliche Informationen darüber zu beschaffen, fragen Sie Ihren Klienten, welchem Elternteil er seiner Meinung nach mehr ähnelt, und wem er sich mehr verbunden fühlt. Bitten Sie ihn außerdem, sich zu entspannen und die Hände in gewohnter Weise zu verschränken. So ermitteln Sie die dominierende Hand, die Ihnen auch verrät, ob innerhalb des ersten Lebensjahrs ein Hemisphärenwechsel stattgefunden hat oder nicht. Die Hand, deren Daumen oben zu liegen kommt, ist die dominierende. Weist ein Mensch beispielsweise Merkmale hauptsächlich im rechten Auge auf und kommt der rechte Daumen oben zu liegen, ist dies ein eindeutiger Hinweis auf einen Hemisphärenwechsel von der linken zur rechten Hemisphäre während des ersten Lebensjahrs. (Zwar korrespondiert die rechte Hand mit der linken Hemisphäre, hier sind wir jedoch primär an der körpersprachlichen Aussage interessiert, und die informiert uns in diesem Fall über den Wechsel.) Wenn Eltern ihre Kinder in liebevoller Weise gemeinsam erziehen, kommt es zu einem simultanen Hemisphärenwechsel. Eltern und Kinder ersparen es sich dadurch, einen Großteil ihres Lebens in Reaktion auf die andere Hemisphäre und das jeweils andere Geschlecht zu verbringen. Die meisten der jetzt lebenden Menschen befinden sich noch in Adaptation an ihre ursprüngliche oder Kernstruktur (das heißt, sie haben die Polarität noch nicht überwunden) – eine Folge der konfusen Sicht der Essenz des Männlichen und Weiblichen, in sich selbst und bei anderen. Man befindet sich solange in Adaptation, bis bewußt oder unbewußt das Gleichgewicht hergestellt ist.

Um die augenblickliche Dominanz der einen oder anderen Hemisphäre zu bestimmen, können Sie außerdem die Monde der Daumennägel zu Rate ziehen. Der am stärksten gewölbte Mond weist auf die aktivere der beiden Hemisphären hin.

Erkennen Sie die Ringe

Stellen Sie als nächstes fest, ob und welche Ringe sich in der Iris befinden und wie ausgeprägt sie sind. Beginnen Sie mit dem Ring der Ausdruckskraft. Er gibt Ihnen Auskunft darüber, ob ein Mensch eher zu Introvertiertheit oder eher zu Extrovertiertheit neigt, ob er sich im Innern »ausdehnt« oder mehr nach außen. Für viele Menschen ist der Ausgleich zwischen diesen beiden dynamischen Prozessen von großer Bedeutung.

Können Sie einen Ring der Harmonie feststellen? Welche Farbe hat er? Wie groß ist der Abstand zur Peripherie der Iris? Je näher er an der Peripherie liegt, desto stärker reagiert dieser Mensch auf seine Umwelt.

Können Sie einen Ring der Entschlußkraft ausmachen? Oder Sensitivitätsringe? Wenn ja, wie viele sind es, und wie intensiv sind sie? Befinden Sie sich auf der lateralen Iris oder medial? Sind es ganze Ringe oder Kreisbögen? Wo beginnen sie, wo hören sie auf?

Ist die Pupille symmetrisch? Welche Energie spüren Sie, und wie fühlt sie sich an? Glänzen die Pupillen oder sind sie stumpf?

Nachdem Sie sich mit den Grundelementen der Iristopographie vertraut gemacht haben, ist es nur natürlich, wenn Sie Ihre eigene Interpretationsmethode und Ihren eigenen Fragenkatalog entwickeln, spezifische Fragen an Sie selbst und an Ihren Klienten, die Sie zu spezifischen Antworten führen. Weiterhin werden Sie Juwelen und Blumen in bestimmten Positionen finden (siehe Rayid-Iris-Modell), die mit den energetischen Funktionen des mentalen, emotionalen und physischen Körpers korellieren. Der Terminus technicus für diese Positionen ist »Neuro-optische Reflexzone«. Findet sich ein Juwel oder eine Blume in einer dieser Zonen, wissen wir jetzt bereits, daß das Unterbewußtsein der betreffenden Person diese mit Einsichten in ihre Gaben und Herausforderungen konfrontiert hat.

Vertrauen Sie Ihrer eigenen inneren Führung, und entwickeln Sie unter Zuhilfenahme der in Kapitel fünf besprochenen Positionen einen holistischen Ansatz für Ihre Irisanalyse. Der Schöpfer des Rayid-Iris-Modells hat festgestellt, daß die dunkleren Zonen, die Zonen 1, 2, 3, 4, 5, 7, 8, 16, 17 und 45, die einflußreichsten sind. Ihre besondere Bedeutung wird sogar noch verstärkt, wenn sich in ihnen ein Juwel oder eine Blume befindet. Widmen Sie sich ausführlich jeder Zone und jeder Struktur, die Ihre Aufmerksamkeit erregt, und verknüpfen Sie alle Beobachtungen und Einsichten miteinander, um Ihr Verständnis zu vertiefen.

Ob Sie nun systematisch vorgehen und Sektor um Sektor analysieren, oder ob Sie sich von Ihrer Intuition leiten lassen, denken Sie daran, daß, wie bei jeder Kunst oder Wissenschaft, mit der Erfahrung auch Ihre Sicherheit wächst und Ihr Vertrauen in Ihre Interpretation stärker wird. Jede Interpretation ist letztendlich nicht mehr und nicht weniger als einfach eine Reflexion eines Augenblicks in der Ewigkeit des Seins. Tappen Sie also bitte nicht in die Falle des Egos, das denken möchte, es wüßte nun über sein Gegenüber genau Bescheid. Bleiben Sie flexibel genug, um Ihre Interpretationen um den Unendlichkeitsaspekt dieses Menschen zu erweitern, und fokussieren Sie gleichzeitig auch die sehr greifbaren Aspekte seines Wesens. Alles ist miteinander verwoben.

Es sollte Ihnen Freude machen, anderen Menschen in die Augen zu schauen, nicht nur in die Ihrer Lieben, sondern in die eines jeden Menschen, der Sie darum bittet. Er bittet Sie ja um nicht weniger als darum, daß Sie ihm einen Teil seines Wesens spiegeln und zugänglich machen. Dieser Vorgang sollte nicht qualvoll sein, obwohl es sich manchmal nicht vermeiden läßt. Wehrt sich jemand dagegen, ein eigenes Muster anzuerkennen, das Ihnen klar vor Augen steht, müssen Sie diese Reaktion Ihres Klienten respektieren und ihm den Inhalt Ihrer Interpretation in Worten nahebringen, durch die er sich nicht bedroht fühlt. Wenn er für tiefere Einsichten bereit ist und größere Klarheit wünscht, wird er sich Ihrer Worte erinnern und wiederkommen, um mehr Klarheit zu finden. Ihre Fähigkeit und Bereitschaft, solche Erkenntnisse zu teilen, sind für Sie und für Ihren Klienten Bestätigung und Ermunterung, sich der eigenen Wahrheit weiter anzunähern, doch sollten Ihre Absichten stets spiritueller Natur sein. Ist das nicht der Fall, können die Informationen zu einer rein kritischen Beleuchtung des »versteckten familialen Fehlermusters« dieser Person werden und Schuldgefühle und Depressionen erwecken. Streben Sie in Ihrer Interpretation immer zum Licht. Verweben Sie Ihre ganze Lebenserfahrung, alle Bilder und Symbolsysteme, die einen Einblick in die Psyche ermöglichen, mit der Interpretation der Iris, legen Sie Ihr eigenes ganzes Sein hinein. Das ist es, was mit holistischer Heilung gemeint ist! Bitten Sie für alle Sitzungssituationen um göttliche Führung. Wenn Sie meditieren, klären Sie sich selbst, bevor Sie zu interpretieren beginnen – entweder allein oder gemeinsam mit Ihrem Klienten. Tiefenatmung, Yoga, T'ai Chi, Chi Gung etc. gehören zu den am besten geeigneten Methoden, die Ihnen helfen, sich Ihrer Essenz, Ihrem innersten Wesen, zu öffnen und jene Liebe zu fühlen, die allen Wesen Kraft gibt.

Da unser aller Sein holographischer Natur ist, ist es nicht verwunderlich, daß die Spirituelle Irisanalyse mit ihrem Symbolsystem nur einer von vielen »Licht-Strahlen« ist, die die innere Realität eines Menschen durchdringen können. Handlesen, Astrologie, Numerologie, Graphologie, Tarot und künstlerische Arbeit bieten weitere Symbolsysteme, die wesentliche Einblicke gewähren und sich mit der Irisanalyse wunderbar ergänzen. Das gleiche gilt für die diversen Therapieformen wie Polarity-Therapie, Psychotherapie, Rückführung, Rebirthing, Aromatherapie, Bioenergetik, Farb- und Klangtherapie, aber auch Ayurveda und Kinesiologie; sie werden durch das Wissen, das die Iris vermittelt, in ihrer Heilwirkung verstärkt.

Kapitel sieben

Wer sind Sie? Vier Fallbeispiele holistischer Irisinterpretation

Wir nehmen nicht nur mit unseren äußeren Sinnen wahr, sondern auch mit unseren inneren. Im Fall der Irisanalyse bedeutet das, daß Sie vertrauensvoll darauf bauen können, daß Sie die Essenz jedes Menschen, auf den Sie Ihre Aufmerksamkeit lenken, bereits kennen. In diesem Vertrauen werden Ihnen die wichtigsten Informationen zugänglich sein. Ihr inneres Auge hat schon immer gesehen, Ihr inneres Ohr schon immer gehört. Schon immer haben Sie den Kern jeder Situation mit Ihren inneren Sinnen erfaßt. Übertragen Sie diese Sensibilität nun auf das vor Ihnen liegende Foto einer Iris. Zugegebenermaßen mangelt es einer Fotografie an der Tiefe und Lebendigkeit des wirklichen Auges, trotzdem ist die Energiespur noch vorhanden. Die nachfolgenden Betrachtungen verschiedener Irispaare sollen Ihnen dabei behilflich sein, Ihr inneres Wissen zu artikulieren, das, was Sie schon immer gewußt haben.

Juwel

Um der größeren Klarheit willen wurden Aufnahmen der Iriden einer Person ausgewählt, die ungewöhnlich viele Juwelen zeigen. Genauer gesagt handelt es sich hier um einen weiblichen Juwelen-Mischtyp. (s. Farbt., Abb. 21A/21B)

Wir wissen, daß die Eigenschaften des Mischtyps die Verhaltenstendenzen der partiell dominanten Struktur verstärken. In diesem Fall betont das Übergewicht von Juwelen in beiden Iriden die mentale Energie. Blumen sind kaum vorhanden, und das eng verwobene Fasergewebe (Ströme) informiert uns darüber, daß diese Person ihre emotionalen und kinästhetischen Erfahrungen primär mental verarbeitet. Jede Erfahrung ob mentaler, emotionaler oder physischer Natur, wird von ihr nach mentalen Gesichtspunkten überprüft und ausgewertet.

Energetisch zeigt sie einen äußerst angespannten Zustand (beachten Sie die Sensitivitätsringe, vor allem in den lateralen Sektoren beider Iriden) in ihrer Suche nach einem Vehikel, um die ganze Bandbreite ihrer Gaben und Fähigkeiten zum Ausdruck bringen zu können (beachten Sie auch den ausgesprochen symmetrischen Ring der Ausdruckskraft). In ihrem Vermögen zu Extrovertiertheit und Introvertiertheit ist sie ausbalanciert. Die Person ist mittleren Alters und hat ihr Ideal, das Streben nach Perfektion (beachten Sie den Perfektionsring), unter der Führung ihres scharfsinnigen Mentalkörpers verfolgt, der genau definiert und festgelegt hat, was zur Vollkommenheit führen wird. Ihr Wunsch nach Perfektion schließt ein fast zwanghaftes Bedürfnis nach vollkommener Harmonie mit ihren Mitmenschen und in allen Situationen ein. (Beachten Sie den Ring der Harmonie an der

Peripherie der Iriden.) Entgleitet ihr einmal die Kontrolle, ist sie frustriert und mit sich und der Welt unzufrieden. Ihr angespanntes, nur schwer zu befriedigendes Suchen schloß bisher alles ein, nur nicht die Bedürfnisse des Emotionalkörpers, dem sie nicht gestattete, sich frei durch den physischen Körper auszudrücken. Einen Großteil ihres Lebens verbrachte sie außerhalb ihres physischen Körpers auf einer mentalen Ebene, von wo aus sie alles perfekt arrangieren und überblikken konnte. Um in ihren Körper zurückzukehren, wählte sie eine schmerzliche Erfahrung in Form einer langen, qualvollen Beziehung. Jetzt versucht sie, andere Modalitäten zu manifestieren, wie zum Beispiel Yoga, um auf gesündere Weise wieder mit ihrem physischen Körper in Kontakt zu kommen.

Wenn Sie die deutlich erkennbaren Strukturen vor allem im linken Auge (Juwelen, Blumen und Ströme) mit den entsprechenden Positionen des Rayid-Iris-Modells vergleichen, wird die außerordentliche Fülle der Gaben dieser Frau deutlich. Das linke Auge enthüllt eine rechtshemisphärische Dominanz bei der Empfängnis. Aber Position *3 WUT und ein *43 WILLEnskonflikt mit der Mutter sowie das Bedürfnis nach Selbstkontrolle und *22 INTIMITÄT zwangen sie zur Erforschung der linkshemisphärischen Funktionen, zu denen sie während des ersten Lebensjahres überwechselte (ersichtlich aus dem »Daumentest«). In der Hauptsache aber galt ihr Streben der Öffnung des Herzchakras, *45 HERZ, der Suche nach einer Antwort auf das Leben, nach einer Haltung, die es ihr ermöglichen würde, ihren Überfluß an Weisheit, Mitgefühl und Schöpferkraft vollkommen zum Ausdruck zu bringen. (Sie arbeitete mit Kindern, die die besten Lehrer in puncto Freisetzung emotionaler Energie und Herzensenergie sind.) Wie auch immer, sie hat sich für die genealogische Linie oder den Stammbaum der Themen der ersten beiden Chakren, nämlich Vertrauen, Überleben und Intimität, entschieden. In dieser Hinsicht waren ihre beiden Elternteile ausgezeichnete Lehrer. Sie gaben ihr mit, letztendlich zu lernen, der Weisheit ihres Herzens zu vertrauen.

Blume

Die Persönlichkeit, die gewählt wurde, um den neurologisch emotionalen Typ zu illustrieren, den wir als Blume bezeichnet haben, ist dem äußeren Anschein nach ein extrem verschlossener, mentaler Juwelen-Typ. Dies unterstreicht die Tatsache, daß das wahre innere Potential eines Menschen oftmals hinter einer Maske individuell sehr unterschiedlicher äußerer Verhaltensweisen versteckt liegt. Dennoch kann ein Blick in die Augen oft genügen, um die wahre Essenz dieses Menschen zu erkennen. Unser Augenpaar gehört einem seiner Kernstruktur nach extrem emotional veranlagten, extrovertierten Mann, der sich aber nur ab und zu ein kleines Lächeln gestattet. (s. Farbt., Abb. 22A/22B)

Er nimmt es sehr ernst damit, seine Selbstbeherrschung zu wahren, weil er befürchtet, sich zu kompromittieren, wenn er seine Gefühle zum Ausdruck bringt. Außerdem ist in ihm die Angst verwurzelt, er könne möglicherweise verrückt werden, wenn er sich gehenließe, oder seine Glaubwürdigkeit und seinen Ruf als wertvoller Mensch verlieren. Seine genealogisch-soziale Konditionierung war in dieser Hinsicht sehr intensiv.

Seine Maske ist die eines einfallsreichen Ingenieurgenies in der Forschungsabteilung eines führenden Rüstungskonzerns, in dem er angestellt ist. Auf der Haupt- oder Kernebene seines Wesens ist er ein sensibler Rockstar, der sich seiner übergroßen extrovertierten Emotionalität schämt und nach und nach schützende Mauern um sein Herz errichtet hat. Nur Tieren gegenüber gestattet er es sich, sein Herz zu öffnen und Gefühle auszudrücken; im Umgang mit Menschen hält er dies für zu riskant und vergräbt sich lieber in Arbeit, um seine Einsamkeit nicht spüren zu müssen. Achtzehn Stunden Arbeit pro Tag sind keine Seltenheit, und das sieben Tage die Woche. Hinter der Maske des brillanten Denkers, die ihn ein wenig arrogant wirken läßt, verbirgt sich ein ehren- und liebenswerter Mensch. In jeder seiner Iriden ist ein winziger Juwel zu erkennen. Sie verleihen diesem zutiefst emotionalen Menschen eine kaum merkliche Mischtyp-Qualität und verstärken seine Blumen-Natur.

Die Entscheidung, welche der Hemisphären in diesem Fall die dominante ist, fällt nicht leicht. Die Blumen sind in jeder Iris ziemlich gleichmäßig ausgeprägt. Tatsächlich aber manifestiert er nach außen einen sehr ausgeglichenen Juwelen-Typ. Dennoch deutet eine Konzentration der Blumen im linken Auge an der Peripherie der Iris, im rechten Auge näher an der Pupille, auf die Dominanz der rechten Hemisphäre hin und akzentuiert somit noch mehr die emotionalen Blumen-Qualitäten. Darüber hinaus sieht er mehr der Mutter als dem Vater ähnlich – ein weiterer Hinweis auf die Dominanz der rechten Hemisphäre bei der Empfängnis. Dies zu wissen ist wichtig, um die tiefe, unbewußte Verbindung zu seiner Mutter zu erklären (nicht um dem akademischen Disput um die Attribute von Links- oder Rechtsdominanz Nahrung zu geben). An der goldenen Schattierung im rechten Auge (erhöhte Aktivität) läßt sich erkennen, daß schon relativ früh der Wechsel zur linken Hemisphäre erfolgte. Er hält seinen Vater in höchsten Ehren, von der Mutter und ihren Qualitäten spricht er selten. Die Bedeutung der hemisphärischen Dominanz bei der Empfängnis mit nachfolgendem Wechsel darf nicht unterschätzt werden, denn hier liegt die Ursache dafür, daß ein Mensch sein ganzes Leben damit verbringen kann, auf eine Hälfte der Spezies Mensch zu reagieren, entweder auf die männliche oder auf die weibliche, wenn nicht der ursprüngliche Impuls, der zum Wechsel geführt hat, geklärt und aufgelöst wird. Dies ist eine wichtige Information für einen Menschen, der entschieden hat, zu *erwachen*, sich bewußt über die Themen seiner genealogisch-sozialen Ein-Drücke hinauszuentwickeln und seine einzigartigen Gaben zu manifestieren. Unser Mann nun manifestiert sich in brillanter Weise am Arbeitsplatz. Frau und Kinder haben keinen Zugang zur Tiefe seiner Gefühle, die er fast ängstlich vor ihnen verbirgt. In der Konsequenz sind Kommunikation und Intimität in diesen

Beziehungen auf ein Mindestmaß eingeschränkt. Dabei muß Selbstbeherrschung, also die Kontrolle über den Emotionalkörper, keineswegs die totale Zensur durch den konditionierten Mentalkörper bedeuten, sondern kann auch ohne diese erlernt und gelebt werden. Bei unserem Fallbeispiel liegen das innere Weibliche und das äußere Männliche dieses Mannes im Widerstreit. Interessanterweise hatte sein Vater Frauen als dem Manne unterlegen klassifiziert, und seine Mutter wiederum hatte das grundsätzlich akzeptiert. Unser Mann nun verehrte seinen Vater und akzeptierte alle seine Ansichten. In diesem Zusammenhang ist zu bemerken, daß er selbst Vater zweier Töchter ist und unter der Maske des Machos, die er von seinem Vater absorbiert hat, ausreichend stark ihre Weiblichkeit unterstützt. Die Liebe zu seinen Töchtern macht ihn »weicher« und offener für das Weibliche, als sein Vater es je hätte sein können. In dieser Hinsicht ist sein Leben ausgewogen.

Der Perfektionsring ist einer der ausgeprägtesten Ringe in diesen extrovertierten Augen, gefolgt vom Ring der Ausdruckskraft, der sich wie ein breites Band um die Pupille herum ausdehnt – ein weiterer Hinweis auf deutliche Extrovertiertheit. Die Kombination aus Perfektionsring und Strukturen in der Position *13 PRAKTISCHER VERSTAND in beiden Augen, lassen einen Menschen erkennen, der die Perfektion auf sehr irdische Art und Weise anstrebt. Im lateralen Bereich der beiden Iriden manifestieren Sensitivitätsringe das Bedürfnis dieses Mannes, seine innere Kreativität möglichst perfekt und akribisch zum Ausdruck zu bringen. Deshalb nähert er sich seinem hohen, offensichtlich spirituellen Ideal auch durch die angewandte Wissenschaft.

Beachten Sie auch die Struktur in Position *24 ERLEUCHTUNG, die in beiden Iriden erkennbar ist. Dieser Mann hat von beiden Elternteilen sensitive Fähigkeiten geerbt, die aber schon in jungen Jahren von Familienangehörigen, Onkeln und Brüdern, allesamt religiösen Eiferern, traumatisiert worden waren. So wuchs auch er in einer ähnlichen Atmosphäre von Angst und Schuld auf, und das erklärt seine tiefsitzende Abneigung gegen alles Nichtrationale im Leben, gegen alles, was nicht »Schrauben und Bolzen« ist. Er bedient sich seiner Sensitivität, um komplexe Probleme in der strikt wissenschaftlichen Arena von Mathematik und Technik kreativ zu lösen. Den Gedanken, daß seine Kreativität etwas mit sensitiven Fähigkeiten zu tun haben beziehungsweise von einer tiefen intuitiven Ebene seines Wesens herrühren könnte, würde er nur spöttisch belächeln.

Auf einer subtilen Ebene ist er unbewußt darum bemüht, die Themen des zweiten Chakras bezüglich seiner inneren weiblichen Aspekte (Anima) zu lösen, die sich in seiner Sexualität, *22 INTIMITÄT und *24 ERLEUCHTUNG, sowie in seiner Beziehung zum Geistaspekt des Seins ausdrücken. Er verfügt über das Potential, sein Stirnchakra zu öffnen (beachten Sie die Struktur im Areal der Hypophyse, *36 REZEPTIVITÄT und *37 DIPLOMATIE), wenn er den göttlichen Geist und seine Anima akzeptiert hat. Dann wird er zum Sendboten einer Heiligen Technologie, die das Leben aller bereichert.

Strom

Die Frau, der dieses Augenpaar gehört, ist extrem stark geerdet und beobachtet von dieser Position aus das menschliche Spektakel. (s. Farbt., Abb. 23A/23B)

Sie urteilt ungewöhnlich scharfsinnig über menschliche Charaktere und ist in der Lage, den Tiefgang eines Menschen in einer banalen Unterhaltung über das Wetter auszuloten. Diese extreme Sensibilität ist ein Geschenk, das ihr zeitlebens Ein-Sichten in Menschen und Situationen ermöglichte, um die andere jahrelang ringen. Ihr Manierismus in Körpersprache und Gesichtsausdruck ist sehr subtil, so daß es genauer Beobachtung bedarf, um auch nur einen kleinen Hinweis darauf zu erhaschen, was in ihr vorgeht. Ganz selten einmal offenbart sie ganz unmittelbar etwas von ihren inneren Prozessen, da sie meistens vollauf damit beschäftigt ist, sich um andere zu kümmern, die eine starke Schulter benötigen, an die sie sich anlehnen können. Sie gibt sich äußerst selbständig und unabhängig und fungiert als Mittlerin, die bei Konflikten geschickt unterstützend und helfend eingreift, ohne Partei zu ergreifen.

Dementsprechend sind die Strukturen in der Iris ziemlich ausgewogen, was die Information über eine hemisphärische Dominanz etwas herunterspielt. Dennoch sind im rechten Auge ein paar Strukturen mehr zu erkennen, was eine linkshemisphärische Dominanz nahelegen könnte. Ein kleiner Juwel in Position *42 AUTORITÄT im rechten Auge verrät eine der vielen vom Vater ererbten Eigenschaften. Aus der vorliegenden Linksdominanz und den Strukturen, die auf eine unabhängige und gebieterische Persönlichkeit hinweisen, *42 AUTORI-

TÄT, kann man schließen, daß sie einen selbstbewußten Partner braucht, der ihr das Wasser reichen kann und sich durch ihre Stärke in seiner Männlichkeit nicht herabgesetzt fühlt. Gleichzeitig muß er über ein hohes Maß an Intuition verfügen, um auch auf sehr subtiler Ebene mit ihr Verbindung aufnehmen zu können.

Der Ring der Ausdruckskraft umschließt die Pupille, was bedeutet, daß sie eher eine nach innen gerichtete, denn eine nach außen gerichtete Persönlichkeit ist. Bei einem Strom-Typ sollte diese nach innen gerichtete Energie im Kontakt mit anderen Menschen auf allen Ebenen – mental, emotional und physisch – freigesetzt werden, um zu verhindern, daß sie sich aufstaut und implodiert. Kommt es dennoch dazu, äußert sich dieser Stau in exzessiver Beunruhigung und in dem Gefühl, behindert und gestört zu werden. Relativ schwach ausgeprägte Sensitivitätsringe deuten auf Strömungen im neuro-muskulären System hin, wenngleich die Notwendigkeit, sie zu manifestieren, aktuell nicht gegeben scheint. Dieser Strom-Typ fühlt sich in der Welt, die er für sich selbst geschaffen hat, sicher und geborgen, was durch die relative Absenz von Streß anzeigenden Ringen angedeutet wird.

Die Iriden des Strom-Typs stellen bei der Irisinterpretation von allen Persönlichkeitstypen die größte Herausforderung dar. Entsprechend seinem charakteristischen physischen Manierismus, anmutig von einem Augenblick zum nächsten zu fließen, gehen die Irisfasern eines Stroms fließend ineinander über, ohne abrupte Zeichensetzung durch einen Juwelen oder eine Blume.

Um aus den Iriden eines Strom-Typs spezifische Informationen ablesen zu können, ist es nötig, auch die subtilsten Veränderungen, Färbungen und Schattierungen wahrzunehmen. Beachten Sie beispielsweise im linken Auge unserer Person die schattige Zone in Position *1 FÜRSORGE und *31 RAT. Diese »Strömin« ist dabei, die Tugend bedingungsloser Fürsorge unter seinen heutigen Lebensumständen zu wahrer Meisterschaft zu entwickeln. Jedem, der sie darum bittet, gibt sie weisen, praktischen Rat. Der kleine, unscheinbare Juwel im rechten Auge in Position *21 WISSEN zeigt an, daß man ihr nichts vormachen kann. Aus der Perspektive des Chakren-Fokus arbeitet sie primär an den Themen des zweiten und fünften Chakras. Eine der Hauptlektionen in ihrem Leben ist die Aufrechterhaltung der inneren Mitte, zentriert zu sein und zu bleiben. Darüber hinaus muß sie lernen, ihr starkes Bedürfnis danach, alles kontrollieren zu wollen, loszulassen. Dieses Bedürfnis ist mit einem weiteren unscheinbaren Juwel in Position *18 KINDHEIT verknüpft, und zwar mit den ersten beiden Lebensjahren. Er deutet auf Strenge des Vaters gegenüber der Mutter und/oder dem Kind hin. Ungeachtet aller äußeren Umstände besteht ein wichtiges Ziel dieser Seele, die auf diesen Planeten gekommen ist, um im eigenen Lebensprozeß zu lernen, darin, inneren Frieden zu erlangen.

Je mehr die Irisfasern wie im vorliegenden Fall miteinander verwoben sind, desto stärker zeigt dieser Mensch die Tendenz zum »Arbeitstier«. Es finden sich auch oft mehrere tiefe Sensitivitätsringe, besonders bei kinästhetischen Persönlichkeitstypen, wenngleich sie im vorliegenden Fall fehlen. Ströme lernen durch Handeln, und unsere spezielle »Strömin« hat in ihrem bisherigen Leben die Arbeit von wenigstens zehn Menschen getan.

Mischtyp

Als dieser Gentleman das Büro betrat, schwappte eine Woge überschäumender Energie durch den Raum, eine erregende Dynamik, die ihn einfach zu durchströmen schien. Er steckte voller umfassender Pläne für New-Age-Heil- und Lehrzentren, die der Bewußtseinserweckung geweiht werden sollen. Er ist Architekt und liebt seine Arbeit, wie er das Leben überhaupt liebt. Die Gegenwart dieses extrovertierten Blumen-Mischtyps, der von einem scharfen Juwelen-Verstand im Zaum gehalten und von einem gesunden physischen Körper noch unterstrichen wird, wirkte wahrhaft belebend.

Um ihm die Erfüllung seiner Träume zu erleichtern, wurde ihm geraten, sich längere Zeiten der Stille der Meditation oder des Gebets zu gönnen, um seine »Batterien« wieder aufzuladen. Er lachte sehr sympathisch und entgegnete, daß er sich tatsächlich Zeit für solche Dinge wünschen würde, nur leider könne er sie angesichts all der dringenden Geschäfte einfach nicht erübrigen. Die Frage, ob er denn zeitweise an Depressionen leide, Phasen, in denen ihm der Wind in den Segeln fehle, bejahte er. Depressionen sind, wie wir bereits wissen, oft eine Maßnahme des Unterbewußtseins, mit der es unsere Hauptsysteme auf Sparflamme schaltet, um den völligen Zusammenbruch zu verhindern. Eine der wichtigsten Lektionen, die dieser extrovertierte Blumen-Mischtyp deshalb zu lernen hat, ist die, sich genauso in sein Inneres hineinzuentfalten, wie er sich in der äußeren Welt ausdehnt. Solches Sich-nach-innen-Weiten ohne Drogen und Alkohol erfordert ein Höchstmaß an Disziplin, ganz besonders von einem stark extrovertierten Menschen wie unserem Architekten. Seine Aufrichtigkeit in seinem Wunsch, seine Träume auf möglichst vorteilhafte Weise zu manifestieren, wird es ihm ermöglichen, die Logik dieser Sichtweise zu erkennen. Seinem Wesen nach ist dieser Mann ein sehr reifer Diener an der Menschheit. Im weiteren Verlauf der Interpretation wurde die vollständige Inkarnation im physischen Vehikel als wichtigster Punkt herausgearbeitet, ohne daß dabei jedoch die visionäre »Umarmung des Planeten« vernachlässigt werden darf.

In seinem Fall dominierte bei der Empfängnis die rechte Hemisphäre, was bei extrovertierten Naturen, vor allem bei Blumen-Mischtypen, dazu führt, daß sie so gut wie gar nicht geerdet sind. Der »Daumentest« ergab außerdem, daß vor Vollendung des ersten Lebensjahrs ein Wechsel zur linken Hemisphäre stattgefunden hatte. Die Linearität der Linkshirn-Funktionen half ihm, seinem »Grund« näher zu kommen und besser auf sein physisches Vehikel aufzupassen, was ihn letztendlich davor bewahrte, es in seinem Drang nach jeglicher Art von Erfahrung zu zerstören.

Der Perfektionsring, kombiniert mit zahlreichen Juwelen und einer großen Blume in Position *15 PERFEKTION und *16 GEIST, deutet darauf hin, daß er über die notwendigen feinmotorischen Fertigkeiten auch für den Umgang mit feinsten Details verfügt. Die Kombination aus Sensitivitätsring und Ring der Berufung, hauptsächlich im lateralen Bereich der Iris, enthüllte einen weiteren Aspekt seines tiefverwurzelten Sendungsbewußtseins, das darin besteht, seinen Geist auf dieser materiellen Ebene zu manifestieren, obwohl das Ausmaß seiner Mission ihn manchmal erdrückt, ihn das Gefühl von Unwürdigkeit erfahren läßt. (s. Farbt., Abb. 24A/24B)

Wenn er seine Fähigkeiten anzweifelt, was meistens in einer Phase der Erschöpfung und Depression der Fall ist, signalisiert er der Welt und seinem Größeren Selbst, daß er sich als Mann noch nicht dazu bereit fühlt, seine Träume in dem festen Glauben zu manifestieren, daß für alles, was dazu nötig ist, gesorgt sein wird.

Mit der Öffnung des Kehlkopfchakras würden sich seine großen Gaben voll entfalten. Beachten Sie die Struktur in Position *28 STIMME, *31 RAT und *46 MITGEFÜHL. Ohne tiefen Glauben an den Ursprung seiner außerordentlichen Gaben, tendiert er dazu, seine charismatische Stimme und Redegabe als Werkzeug subtiler Manipulation zu gebrauchen, um andere dazu zu veranlassen, ihm buchstäblich und im übertragenen Sinn »Anerkennung zu zollen« (*27 VERZÜKKUNG und *29 AUFRICHTIGKEIT).

Die harmonische Öffnung der höheren Chakren ist von der heilenden Klärung der Unausgewogenheiten in den unteren Chakren abhängig. Beachten Sie das Juwel und die Blume im Areal von Pankreas und Nebenniere, *5 GEBEN, *6 UNABHÄNGIGKEIT, *17 VERTRAUEN. Das Kehlkopfchakra steht in direkter Verbindung zum Solarplexus. Unser Klient hat unter seinen jetzigen Lebensumständen seine innere Mitte noch nicht gefunden. Daher betrachtet er seine Gaben als wirkliches Geschenk, aber sein egoistisches Selbstinteresse sowie die Angst, zu versagen, verhindern eine dauerhafte Verbindung mit der Quelle allen Seins und mit Menschen, die seine Mission unterstützen würden. Solange er nicht bereit ist, tief in sich hineinzuhören und die eigene göttliche Treuhänderschaft anzuerkennen, wird er weiter an der Oberfläche der aufgewühlten See des Lebens dahintreiben und darauf warten, daß jemand anders ihn in ruhigere Gewässer führt.

Kapitel acht

In den Augen zeigt es sich: eine Übersicht zu typischen und untypischen Beziehungen

Die Qualität unseres Lebens hängt wesentlich von der Natur unserer Beziehungen ab: der Beziehung zum eigenen Selbst, zum Partner, zu einer sozialen Gruppe. Wenn sich diese drei erfüllend gestalten, entsteht in uns der natürliche Wunsch, unsere Beziehungen auf die ganze menschliche Familie auszudehnen, auf den Planeten und den Kosmos. Menschen, die gelernt haben, ihrem Größeren Selbst zu vertrauen, dehnen ihre Fürsorge, ausgehend von ihrer eigenen Mitte, in immer größer werdenden Kreisen aus; sie replizieren in ihre Außenwelt, was sie in ihrem Innern empfinden. Anders Menschen, die programmiert sind, die Gültigkeit ihrer wahren inneren Meisterschaft zu leugnen und damit auch die ihrer Mitmenschen. Sie empfinden ihre Umwelt als von Grund auf »nicht in Ordnung« und senden entsprechende Schwingungen aus. Der zuerst genannte Typ, so meinen wir, arbeitet bewußt an der Anhebung seines Bewußtseins, der zuletzt genannte unbewußt.

Die Beziehung zum eigenen Selbst

Die wichtigste Beziehung im Leben eines Menschen ist die zum eigenen Selbst, zum eigenen inneren Licht. Von ihr ausgehend strebt man nach Versöhnung und Ausgleich des innewohnenden männlich/weiblichen Prinzips und manifestiert so die eigene natürliche Androgynie. Solange im eigenen Innern Kriege toben, wird sich dies in der Art unserer äußeren Beziehungen niederschlagen. Eine der größten Herausforderungen für ein erwachtes Wesen, das versucht, an einer Lösung der planetarischen Probleme mitzuwirken, anstatt sie noch zu vergrößern, ist deshalb, sich selbst bedingungslos zu akzeptieren und zu lieben.

Wenn ein Mensch entschieden hat, bewußt an seiner Weiterentwicklung zu arbeiten, um das Licht zu werden, ist es für ihn äußerst wichtig zu gewahren, für welche Rolle im Leben er sich – vor der Inkarnation – entschieden hat, damit er sie tief in seinen mentalen, emotionalen und physischen Körper einlassen und zu Licht transmutieren kann. Einige fühlen sich gedrängt, sich eine ordentliche Scheibe vom Massen- oder Konsensus-Bewußtsein, das selbst der Transmutation bedarf, abzuschneiden, und »zerlegen« sich auf diese Weise selbst für eine Lebensspanne, für eine Inkarnation. Und unter dieser Last geraten sie dann ins Schwanken. Wenn sie noch nicht völlig im Circulus vitiosus des Leidtragender/Erlöser-Denkens gefangen sind, wird ihnen die Einsicht in die Entscheidungen, die sie selbst getroffen haben, eine ungeheure Befreiung bringen.

Für ein androgynes Wesen beginnt jede Beziehung bei der Männlich/weiblich-Polarität im Innern. Die Iriden geben Aufschluß über die Natur des inneren Gleichgewichts, über die »Kommunikation« der inneren Pole, die nach dem Aktiv/passiv-Prinzip funktioniert, nicht nur im physischen Körper, sondern auch im Emotional- und Mentalkörper. Damit es zu einer intimen persönlichen Beziehung auf der Basis des Gleichseins kommen kann, muß es einen »Dreh- und Angelpunkt« geben, einen »Vermittler« in der Kommunikation zwischen den Körpern. Dieses vermittelnde Prinzip ist die Seele, die Höhere Seinstriade. Sie ist an einer Inkarnation interessiert, wenn ein individuelles Ego die ersten drei Chakren (seine eigene niedere Seinstriade) harmonisiert hat und das Universum bittet, sein Herzchakra zu öffnen. An diesem Punkt der Evolution wird der einzelne der leisen Stimme in seinem Herzen gewahr und beginnt bewußt darauf zu hören.

Für Menschen mit offenem Geist und offenem Herzen ist es einleuchtend, daß seine Realität in der Tat einzigartig *ist* und in Wahrheit äußerst subjektiv. Jeder Mensch hat das Potential, das Universum auf seine vollkommen einzigartige Art und Weise zu erfahren. Eine der wesentlichen Lektionen aus den Forschungslabors der Elementarteilchenphysik ist die von der Relativität der Materie. Mit anderen Worten: Die eigene, subjektive Sichtweise, das eigene, subjektive Verständnis der Welt, erschafft diese so lange immer wieder, wie diese Sichtweise aufrechterhalten wird. Erkennen Sie also Ihre eigene Meisterschaft an und erlauben Sie dem Universum, Sie in Ihrem tiefen Glauben an Ihre eigene Licht-Meisterschaft zu bestärken. Sie sind nicht der Gefangene Ihres genealogischen Kodes oder Ihres sozialen Programms – es sei denn, Sie haben sich entschieden, ein Gefangener zu sein.

Das Vertrauen in die Weisheit des eigenen Größeren Selbst zu stärken, ist die Aufgabe jedes Heilers, aber auch eines Partners oder Freundes, selbst dann, wenn der andere gerade die Erfahrung eines physischen, mentalen oder emotionalen Zusammenbruchs macht. Das ist Homöostase in Aktion: *Jeder* Mensch bewegt sich immer in Richtung vollständiger Gesundheit und Ausgewogenheit. Das Ziel der inkarnierten Seele besteht darin, den Kreis der Inkarnationen zu schließen, indem die Polaritäten unserer dualistischen Welt aufgelöst werden. In diesen Prozeß können wir unterstützend eingreifen. Wir müssen uns nur der Bedeutung unserer unbewußten Schöpfungen gewahr werden und sie als das, was sie sind, anerkennen, ohne irgend jemanden oder irgend etwas zu bezichtigen, »verkehrt« oder »nicht in Ordnung« zu sein; wir müssen tief in die Stille unserer eigenen Essenz vordringen.

Partnerschaftliche Beziehungen

In der heutigen Zeit des steten Wandels gehören das Eingehen und Bewahren einer wahrhaft intimen, liebenden partnerschaftlichen Beziehung zu den größten Herausforderungen im Leben eines Menschen. Ohne eine solche liebende Beziehung sind selbst die bemerkenswertesten und beeindruckendsten Leistungen wenig wert. Es gibt eine Menge »mentaler Giganten«, wahrhaft Helden intellektueller Kriegsspiele, die ein völlig desolates Privatleben führen. Der tiefere innere Wunsch eines jeden Menschen nach Individuation mündet in der Suche nach einem ganz persönlichen Spiegel, der es dem Selbst erlaubt, sich im Licht bedingungsloser Liebe zu sehen. Je unverletzlicher ein Mensch sich gibt, desto größer ist seine Angst, sich dem Unbekannten auszuliefern – der eigentlichen Domäne einer intimen Beziehung.

Die Augen – und hier besonders die Iriden – stellen eine Öffnung in diesem Panzer dar und ermöglichen uns, den anderen wahrhaft zu »sehen«, einen Blick in seine zeitlose Seele zu werfen, die Gaben zu erkennen, die ihn einzigartig machen, und zugleich jene, die ihm und mir gemeinsam sind. Durch die Harmonisierung der Weiblich/männlich-Polarität wird es möglich, einander wirklich zu »erkennen« und zu respektieren, ohne jeglichen Wunsch nach Veränderung. Das ist bedingungslose Liebe! Ob es sich dabei um eine Mann-Frau-, Eltern-Kind-, Lehrer-Schüler-, Meister-Jünger-Beziehung handelt oder um freundschaftliche Bande, Gemeinsames und Einzigartiges existieren immer gleichzeitig nebeneinander. Je mehr jemand für dieses tiefe Gewahrsein der Essenz aller Gaben offen ist, die im Universum jedes Sein einzigartig macht, desto stärker wird er durch *Austausch* der

Essenzen energetisiert werden. Teilt man seine Gaben und Fähigkeiten freizügig mit anderen, so wird man feststellen, daß es einem an nichts mangelt, denn im Universum gibt es kein Vakuum, nur Fülle. Es wird stets ein Ausgleich geschaffen.

Im Fall einer Partnerberatung geben die Iriden der beiden Partner wertvolle Informationen über die Lektion des Ausgleichs, die die beiden Menschen, bewußt oder unbewußt, zusammengebracht hat. Nur allzu oft verlieren Beziehungen nach der ersten Verliebtheit ihre Kraft, weil einer oder beide Partner versucht ist, die »Grundhaltung« des jeweils anderen nach seinem Ebenbild zu verändern. Es ist keineswegs ungewöhnlich für einen Menschen, sich in einer Reihe von ganzen Beziehungs»kopien« wiederzufinden, so lange, bis die begleitende Lektion der Selbsterkenntnis gelernt ist.

Für einen erwachten Berater und Helfer liegt die Herausforderung darin, nie zu vergessen, daß seine Klienten wahre Meister sind, ungeachtet des Leids, das sie sich selbst geschaffen haben. Im Labyrinth innerer und äußerer Erfahrungen finden alle Wesen früher oder später zur Wahrheit. Durch wiederholtes Bekräftigen ihrer Meisterschaft befördern Sie in Ihren Klienten Verständnis und Vertrauen, darin, daß sie selbst die Schöpfer ihres eigenen Lebens sind, auch ihrer leidvollen Erfahrungen, und daß sie keineswegs für immer und ewig den Illusionen des Massenbewußtseins dienstbar sein müssen. So wie Sie den Meister in sich selbst am Werk sehen, so ist es Ihre Pflicht, ihn in jedem Wesen zu sehen und zu erwecken.

Zu den interessantesten evolutionär orientierten Partnerschaften gehören die dyadischen oder transpersonalen Beziehungen. Im Unterschied zu entropischen oder karmischen Beziehungen, in denen verkrustete genealogisch-soziale Konditionierungen mit viel Leid ausagiert werden, und die dazu tendieren, das Licht zu verfinstern, streben die Partner in transpersonalen Beziehungen ein beschleunigtes Wachstum ihres spirituellen Bewußtseins an. Ihre wechselseitige evolutionäre Absicht ist es, ihr Gewahrsein ihres essentiellen Eins-Seins in angemessener Weise zu erweitern und sich selbst als Shiva und Shakti zu erfahren, als jene Höchste Dualität den Tanz der Archetypen Mann/Frau im Universum der Universen zu tanzen und als Form und Formlosigkeit zugleich niemals zu vergessen, daß sie EINS sind. Das ist Tantra! Wahres Tantra ist frei von all den sexuellen Konnotationen, wie sie von sexuell nicht geheilten Menschen oft hineinprojiziert werden.

Denny Johnson hat Jahre damit verbracht, die Iris-Muster von einander verbundenen Menschen zu untersuchen, Schlüsselbeziehungen herauszufinden. Dabei stieß er auf fünf immer wiederkehrende Muster. Seine Nachforschungen basieren auf der Beobachtung, daß Menschen, bewußt oder unbewußt, ihre innere Balance im Teilen zu finden suchen, und daß bestimmte Persönlichkeitstypen immer wieder bestimmte Menschen anziehen und Situationen kreieren, die das reflektieren, was sie selbst im Innern erfahren. Dementsprechend sieht seine Zuordnung wie folgt aus:

1. Juwel	Blume
2. Strom	Mischtyp
3. introvertiert	extrovertiert
4. linkshemisphärisch	rechtshemisphärisch
5. Leid	Leid

»Das Gesetz der Anziehung«, so Denny Johnson, »bringt die beiden gegensätzlichen Hälften derselben Lektion zueinander. Dieses Komplementärmuster findet sich in den meisten Beziehungen.« Diese Aussage könnte unterschwellig die Vermutung implizieren, daß wir alle automatisch an diesem »Attraktion/Reaktion-Syndrom« leiden, daß wir automatisch auf das Leben reagieren, daß das Leben selbst eine äußere Autorität ist. Ziehen wir aber in Betracht, daß jeder Mensch ein wahrer Meister ist, ein göttlicher Mitschöpfer des Lebens, so ist die Erfahrung einer Beziehung nicht in erster Linie ein Mittel, um Lektionen zu lernen, sondern vielmehr die Möglichkeit, das Abenteuer menschlichen Seins zu erforschen. Beziehungen, die wir ausdrücklich deshalb kreieren, um bestimmte Lektionen zu lernen, könnte man als karmische Verbindungen betrachten. Sie basieren auf der unbewußten Reaktion auf bestimmte Stimuli, ohne jedes Wissen um ein »atmendes Gewahrsein« der eigenen Wurzeln in Seele und Geist.

Nicht jede menschliche Interaktion ist notwendigerweise karmischer Natur, obwohl es offensichtlich ist, daß das Unterbewußtsein der meisten Menschen diesen diktiert, wie sie auf das Leben zu reagieren haben. Im letzten Jahrzehnt aber haben sich uns Fenster geöffnet, durch die wir das Licht unserer eigenen Meisterschaft sehen können. Dadurch bietet sich uns auch die große Chance, zu erkennen, wer wir sind, und uns für Beziehungen zu entscheiden, die dieses Gewahrsein befördern. Menschen, die sich auf allen Ebenen des Seins entscheiden, wahrhaft frei zu sein, sind auch nicht länger karmischen Mustern unterworfen, die sich in komplementären Verbindungen zu erfüllen suchen. Die Schlachtfelder der Menschheit haben ihren Ursprung im Mangel an einer wahrhaft liebenden Verbindung – im Innern wie im Außen – von männlichem und weiblichem Pol.

Beziehungen, die auf dem Konzept gründen, daß dem eigenen Selbst etwas fehlt, und daß der andere einem genau das zu geben vermag, bergen die Möglichkeit gegenseitiger energetischer Abhängigkeit in sich. Evolutionäre Beziehungen sind nicht von solcher Natur. Dessen ungeachtet haben aber die meisten von uns Komplementärbeziehungen, erleben und erfahren diese weiter, und zwar sowohl in Liebes- als auch in Arbeitsbeziehungen. Menschen, die regelmäßig emotional intensive Erfahrungen mit einem anderen Menschen verarbeiten müssen, würden es sicher hilfreich finden, zu wissen, wie ihr Antagonist »verdrahtet« ist. Um zu einer aufmerksamen Selbstschau zu kommen, kann es nützlich sein, sich etwas genauer mit den strukturellen Komponenten aller seiner Antagonisten zu befassen. Wahrscheinlich werden Sie dabei auf Aspekte stoßen, nach denen Ausschau zu halten, Sie sich innerlich weigern. Deswegen zeigt das Universum sie Ihnen auf andere – unbewußte – Weise, um ihr Vorhandensein zu bekräftigen.

Verbindungen, die von neurologisch ähnlich strukturierten Partnern eingegangen werden, kommen einer transpersonalen Beziehung nahe. In der Regel akzeptieren sich hier die Partner, ohne einander verändern zu wollen. Ein Beispiel für eine solche Beziehung könnte die zweier Juwelen oder die zweier introvertierter Persönlichkeiten sein, die zusammen an der Verwirklichung eines gemeinsamen Ziels arbeiten. Die wichtigste Komponente dieser Beziehung ist nicht das hormonell gesteuerte Attraktion/Reaktion-Muster, sondern die freie Willensentscheidung. Alle Beziehungen erfüllen einen Zweck, aber es ist das bewußte Gewahrsein der schon immer existenten Ganzheit im Geist, mit dem sich eine evolutionäre Beziehung zu definieren beginnt. Nichtsdestotrotz ist und bleibt die Kategorisierung von Beziehungen eine äußerst subtile und subjektive Angelegenheit.

In einer Partnerschaft wird jeder Teil die Beziehung aus der Sicht seiner Kernstruktur beschreiben und gestalten. Der Juwelen-Typ wird seinen Idealpartner primär durch seinen mentalen Körper definieren wollen; der Blumen-Typ strebt eine emotional strukturierte Partnerschaft an, die die Gefühle der Liebe, die in ihm erwacht sind, spiegelt. Der Strom-Typ stellt für gewöhnlich sehr praktische Überlegungen bezüglich einer Beziehung an. Ihm ist wichtiger, wie eine Beziehung zustandekommt, als wie sie zu definieren ist. Der Mischtyp wiederum versucht, alle Modalitäten zu berücksichtigen.

Soziale Beziehungen

Vom spirituellen Standpunkt aus gesehen, können die Iriden Aufschluß geben über die Stärke der Konditionierungen oder des Karmas, für das ein Mensch sich entschieden hat, um es aufzuarbeiten. Jeder Mensch verkörpert darüber hinaus einen Teil des Massen-Unterbewußtseins. Die Iriden vermitteln tiefe Einsichten in die zu klärenden inneren Themen des Selbst sowie in die seiner äußeren Beziehungen. Es ist sehr wahrscheinlich, daß die Menschheit als Ganzes an ähnlichen Themen und Aufgaben arbeitet wie jeder einzelne und unter verschiedensten Gesichtspunkten nach Lösungen sucht. So könnte Krieg beispielsweise als eine unbewußte Bewegung in Richtung »Intimität« oder »intensiveren Kontakt« zu größeren Teilen der menschlichen Familie betrachtet werden.

Das Selbst und die menschliche Familie

Man kann die menschliche Familie als eine besondere Seinsform ansehen, ausgestattet mit einem eigenen Mental-, Emotional- und physischen Körper, die im kosmischen Plan – manchmal recht blindlings – nach Frieden und Harmonie sucht. Oder als lebende Zelle im universalen Göttlichen Körper, eine Zelle, die sich danach sehnt, ein vitaler Teil der Totalität des Lebens zu sein. Die Zellen, aus denen die menschliche Familie besteht, sind Sie und ich und jeder einzelne von uns. Das ständige Leid und der Aufruhr um uns herum berühren uns alle.

Glücklicherweise bietet sich gerade jetzt die Chance (obwohl es sie immer gab) zur Metamorphose. Die mentalen, emotionalen und physischen Ein-Drücke oder Programme der planetaren Seinsform, die wir in unser individuelles Sein übernommen haben, werden geheilt, wenn wir unsere Licht-Meisterschaft bekräftigen und eine mehr empfangende Domäne im eigenen Selbst zulassen. Es liegt in der Natur entwickelter Wesen, geben zu wollen. Jetzt ist für Sie die Zeit gekommen, sich der eigenen Gabe der Empfängerschaft zu öffnen, um alle Ebenen des Lichts integrieren zu können.

Das Selbst und die planetarische Gemeinschaft

Der höchste Dienst, den ein Wesen seiner planetarischen Gemeinschaft erweisen kann, ist es, Licht zu werden. Wenn jede individuelle Zelle ihr Licht-Sein mit anderen teilt, wird der gesamte planetare Körper heilend beeinflußt. Jede Zelle fühlt wiederum – je nach innerem Gleichgewicht und Sensibilität – das Erleuchtetsein der anderen Zellen, wo auch immer auf dem Planeten sie sich befinden mögen. Das ist die holographische Natur des Lebens! In der eigenen Essenz zentriert zu sein, ist das Herzstück aller Lehren und jeder Heilung.

In allen Chakren der planetaren Seinsform sind Licht-Arbeiter am Werk, die die Menschheit in einem gewaltigen, in seinen Ausmaßen noch nie dagewesenen Paradigmenwechsel auf das Licht-Bewußtsein vorbereiten. Zwar ist das Beharrungsvermögen, die Trägheit des gegenwärtigen planetaren Denkens ungeheuer, aber der *Aufstiegs*prozeß ist bereits in vollem Gang. Die menschliche Familie legt eine schnellere Gangart ein, um sich zu beschleunigen. Wenn Licht-Arbeiter Partnerschaften bilden, die der Licht-Werdung auf diesem Planeten Vorschub leisten, werden ihre Energien nicht nur einfach verdoppelt, sondern potenziert.

Die Meisterschaft zu erlangen, bedeutet übrigens nicht, daß Aspekte der Massen-Unbewußtheit umgangen werden könnten, für deren Absorption sich ein Mensch vor der Inkarnation entschieden hat, um sich selbst innerlich zu heilen und so die Heilung des planetaren Denkens voranzutreiben. Meisterschaft zu erlangen, bedeutet erstens, das Licht als einen Verbündeten zu erkennen, und zweitens, alle Vorkommnisse im Leben aus der Perspektive der eigenen Meisterschaft zu betrachten, im vollen Vertrauen auf die eigene subjektive Einschätzung jeder Situation. Es bedeutet für Sie, die persönliche Kraft und Verantwortung niemals irgendeinem anderen zu überlassen, der, indem er sie übernimmt und so Meisterschaft beansprucht, *Ihre* Meisterschaft leugnet. Bejahen Sie Ihre Beziehungen als Kommunikation von Meister zu Meister, als Austausch zweier Wissender, die beschlossen haben, sich miteinander zu verbinden, um das Spektrum der Absichten ihrer planetarischen Existenz zu erweitern. Vielleicht erscheint Ihnen diese Art von Beziehung untypisch zu sein für den Evolutionspunkt, den die Erde derzeit manifestiert. Und doch wird ihre Zahl exponentiell zunehmen. Als Folge dessen wird mehr Licht zur Formierung weiterer Beziehungen dieser Art zur Verfügung stehen. In Beziehungen, die sich dem Licht geweiht haben, ist die Dreieinigkeit aktiviert, und wo Dreieinigkeit ist, dort ist auch das Eins-Sein. Und wo das Eins-Sein verwirklicht ist, dort ist Beziehung in ihrer höchsten Form – der universalen, bedingungslosen Liebe.

Kapitel neun

Ein Blick nach innen: Visionen der Ewigkeit

Der Untergang von Atlantis liegt etwa zwölftausend Jahre zurück. Heute, im zwanzigsten Jahrhundert, sind wir Zeugen eines ähnlichen »Untergangs«, des Niedergangs einer Zivilisation, die im Treibsand ihrer Kurzsichtigkeit versackt. Es ist jedoch unwahrscheinlich, daß noch einmal zwölftausend Jahre spiritueller Dunkelheit folgen werden, denn aus der Asche unserer sterbenden Zivilisation erheben sich bereits unzählige Menschen, um in freier Entscheidung zu Werkzeugen des Lichts zu werden, anstatt sich wie Schachfiguren von Strategen hin und her schieben zu lassen, die keine Selbstliebe kennen. Was aber bedeutet es, ein Werkzeug des Lichts, ein Gefäß des Lichts zu werden? Zunächst einmal erfordert es eine aufrichtige Hingabe an die leise Stimme im Herzen. Diese Stimme leitet uns durch das Labyrinth, durch den Spiegelsaal menschlichen Seins und Erfahrung, durch die Höhen und Tiefen des Lebens, bis wir schließlich ohne jeden Zweifel unsere Licht-Meisterschaft erkennen. Wir werden so von Licht erfüllt sein, daß kein Schatten des Zweifels mehr über das fällt, was wir wirklich sind. Unter uns sind vollendete Licht-Meister, die uns dazu ermutigen, das Licht zu werden, das zu sein wir geschaffen wurden, und nicht irgendeinem anderen zu folgen.

Diese Licht-Meister waren schon immer unter uns. Man könnte sie als Funken des Phönix verstehen, als das, was an unserer untergehenden Zivilisation gut und wahr ist. Diese vernichtet sich selbst, weil sie sich weigert, von den Wesen zu lernen, die bereit sind, ihr eigenes tiefes Gewahrsein des Lebens und seines Ursprungs weiterzugeben. Sie wird wegen ihrer außergewöhnlichen Gefühllosigkeit und Abgestumpftheit gegenüber jenen Unschuldigen sogar zu traurigem Ruhm gelangen. In Jahrtausenden hat sich nur eine Handvoll Menschen aufstrebend aus dem Schoß der Menschheit erhoben und eine bewußte, direkte Verbindung zum Ursprung, zur Quelle, bewahrt. Und die physischen Vehikel dieser Licht-Wesen wurden immer wieder von denen vernichtet, die glaubten, das Licht manipulieren zu können.

Die Architekten des New Age kreieren in unseren Tagen Partnerschaften, transpersonale Beziehungen, die dazu ausersehen sind, sich dem Licht zu weihen. Sie haben ihre mentalen, emotionalen und physischen Körper durch Liebe und Akzeptanz zum Eins-Sein gebracht, und es sich zur Aufgabe gemacht, ihr individuiertes Sein mit anderen Licht-Wesen zu teilen. Aus diesem Wunsch heraus entstehen

»geheiligte« Ehen, im Unterschied zu den »politischen« Ehen des Ego oder Politischen Selbst. Kinder, die aus solchen Ehen hervorgehen, sind vollendete Licht-Meister, die ihr Wesen nicht erst spalten oder fragmentieren müssen, um in dieser Welt überleben zu können. Wenn Sie also wahrhaft den Wunsch haben, das Licht zu erfahren, dann sehen Sie in die Augen der Kinder, die sich furchtlos nach dem Licht ausrichten.

In den geheiligten Wissenschaften wird die Reinheit des »subjektiven« Bewußtseins Würdigung und Ehrerbietung finden.

Die alten Piktogramme und Hieroglyphen der heiligen Sprachen Ägyptens und Indiens haben vieles mit der Symbolsprache der Iris gemein. Es waren Kommunikationssysteme, die über das Potential verfügten, multidimensionales kosmisches Gewahrsein auszulösen, und zwar visuell und akustisch. Heilige Tänze vervollständigten die Trilogie, die es den Initianden ermöglichte, ihr göttliches Eins-Sein zu erfahren. Idealerweise könnte man sich der Symbolsprache der Iris bedienen, um das Herz zu öffnen und die göttliche Weihe zu empfangen. Leider klingt so etwas für die meisten der heutigen Denkstrukturen reichlich fern von dieser Welt. In Wahrheit sind wir aber so »gedrahtet«, um eine direkte Kommunikation zu haben mit dem Ursprung, der Quelle, dem Großen Hologramm. Als Resultat ihrer eigenen Entscheidungen funktioniert diese direkte Verbindung bei manchen Menschen besser als bei anderen. Viele Menschen haben die Gelegenheiten, die sich ihnen boten, um ihre Gaben zu aktivieren, ignoriert, oder sie haben ihre Macht und Kraft irgendeinem »Mittelsmann« überlassen, der ihnen versprochen hatte, ihre Arbeit für sie zu tun. Die Spirituelle Irisanalyse ist in der gegenwärtigen Zeit ein Geschenk des Geistes an alle, die entschieden haben, erwachen zu wollen, um ihnen zu bewußterer Kommunikation mit dem Ursprung, der Quelle allen Seins, zu verhelfen.

Menschen, die das Licht lieben, werden wahrhaft »gezogen«, es furchtlos in all seinen Zwischenräumen und Zwischenzeiten, in den Verwerfungen und Schleiern zu entdecken, am nachdrücklichsten durch die Augen ihrer Licht-Gefährten.

Die Welt der visuell wahrnehmbaren Phänomene zu transzendieren bedeutet nicht, diese Welt zu verlassen. Vielmehr wird sie integriert und geheilt. Im kabbalistischen Baum des Lebens entspricht die Erde

Malkuth, dem letzten Stadium der dreidimensionalen Manifestation einer Samen-Gedankenform, die Bewußtseinsdimensionen entstammt, welche jenseits der linearen analytischen Fähigkeiten des zerebralen Verstandes-Körpers liegen. Anders ausgedrückt, visuell wahrgenommene Phänomene werden in den Gehirnen eines Meisters des Lichts nicht in isolierte Bits eines desintegrierten, empfindungsunfähigen Universums zerlegt (eine der vorherrschenden Gedankenformen unserer westlichen Welt). Licht-Meister nehmen nach den Gesetzen des Universums, das sie hervorgebracht hat, wahr, nicht nach von Menschen ersonnenen Gesetzen, die die Existenz eines bewußten, kohärenten Lichts leugnen oder ignorieren, das wie ein Superhologramm alle Dimensionen eines Universums der Universen miteinander verbindet. Der Planet Erde ist ein unglaubliches Experiment, erdacht und verwirklicht von göttlichen Wesen wie Sie und wir es sind. Hier haben wir die letzte Gelegenheit gehabt, Zeugnis davon abzulegen, was geschieht, wenn wir auch nur für einen Moment vergessen, wer wir sind. »Ihr seid Götter und allzumal Söhne des Höchsten«, heißt es in der Bibel. (Psalm 82,6 und Johannes-Evangelium 10,34)

Einem Menschen, der sein Leben einzig und allein auf populäre Realitätsvorstellungen gründet, erscheint die Logik des Licht-Bewußtseins absurd. Innerhalb unserer sichtbaren Welt, der dreidimensionalen Realität, spiegeln die Augen die organisch-mechanisch binäre Reaktion des Menschen auf die dualistische Wahrnehmung wider, die es ihm ermöglicht, Informationen wie ein Computer zu verarbeiten. Diese binäre Funktionsweise läßt uns Vergleiche anstellen und Gegensätze erkennen und ermöglicht es uns, die Wirklichkeit innerhalb der Grenzen dieser Prinzipien zu verstehen und auf dieser Basis Wahlen und Entscheidungen zu treffen. In dieser binären oder »on/off«-Funktionsweise trägt die Reaktion auf das Leben höchst subjektiven Charakter, so wie auch jedes Auge (das ja eine Karte der stehenden Wellenmuster der Gehirne ist) vom Universum in höchster Einzigartigkeit geschaffen wurde. Sogar im Prozeß der Adaptation an die Konditionierungen ihrer traumatisierten Gehirne kämpfend, verfügen Menschen noch über erstaunliche Kapazitäten, um ihre Einzigartigkeit zu manifestieren.

Um zu einem mehr ganzheitlichen Sein, zu einem holistischen Verständnis der eigenen Existenz zu kommen, wird eine zusätzliche

»Linse« erforderlich, die sich dem dreidimensionalen Gewahrsein entzieht: das Dritte Auge. Daher stellt die Trinitisierung unserer dualistischen Wahrnehmung den ersten Schritt in Richtung *Aufstieg* dar, in Richtung Verstehen der holographisch-multidimensionalen Natur allen Seins und der Realitäten jenseits unserer Konsensus-Realität. Das Universum, der Geist, würdigt immer unsere essentiellen Absichten!

Wenn Sie den ehrlichen Wunsch haben, mit Ihrer Seele eins zu sein, mit jeder Zelle Ihres Seins, werden Sie die *Seelenverschmelzung* und den *Aufstieg* (die im Grunde Synonyme sind) erfahren. Dann wird das Experiment auf der Erde in einer anderen Dimension fortgesetzt, auf einer neuen Oktave, der Oktave des Lichts.

Was fasziniert Sie?

Jeder Mensch sucht sich aus, wählt, was ihn im Leben faszinieren wird. Sind Sie von Unvollkommenheit oder Verwirrtheit fasziniert oder von erleuchteten Wesen? Gilt Ihre Faszination, Ihr Augenmerk, der Ungerechtigkeit, dann werden Sie sie auch der Welt entlocken. Sie können Ihr ganzes Leben damit verbringen, an sich selbst und anderen Fehler zu finden und werden dabei auf unzählige Institutionen stoßen, die Sie in diesem Bemühen befördern. Gilt Ihr Augenmerk, Ihre Faszination, aber der Magie des Lebens, senden Sie Energiefäden aus, die diese Magie in Ihr Leben ziehen.

Im Augenblick scheint die am meisten populäre Faszination die der Begrenztheit zu sein. Gleichwohl gibt es zunehmend auch Menschen, die von der Freiheit, die ein erleuchteter Geist bringt, mehr fasziniert sind als von Einschränkungen und Begrenzungen. Dadurch lösen sie sich auf alchimistische Weise vom larvenähnlichen Zustand des Massenbewußtseins und bereiten sich auf den Prozeß des *Aufstiegs* vor. Und auch Sie, die Sie sich für die Gedankenformen in diesem Buch interessieren, sind dabei, Ihr bisheriges Fasziniertsein von Begrenzungen aufzugeben und sich selbst Ihrer Licht-Meisterschaft zu versichern.

Die ersten Lehrer auf dem Weg, Begrenzungen zu meistern, sind Mutter und Vater. Mit der Erkenntnis eines Meisters, daß alles, was die Eltern taten oder unterließen, perfekt war, wird die Höhere Freiheit in allen Körpern aktiviert. Manchen Menschen fällt es außerordentlich schwer, ihren Eltern bestimmte Entscheidungen vollkommen zu verzeihen und die Entscheidungen zu respektieren, die ihre Eltern getroffen haben und mit ihrem Verhalten manifestieren. Das fordert die Gabe zu Unvoreingenommenheit und bedingungsloser Liebe. Beides ist selten anzutreffen. Die Meisterschaft der Eltern zu leugnen, hieße aber, auch sich selbst die Meisterschaft abzusprechen. Lange genug ist auf diesem Planeten das Licht verdammt worden. Es ist an der Zeit, daß wir uns auf den *Aufstieg* vorbereiten! Kinder wie Erwachsene müssen ihre Meisterschaft als wahre Licht-Wesen geltend machen und verstehen lernen, daß sie ihre Lebensumstände selbst geschaffen haben, bewußt oder unbewußt. Das Leben ist eine einzige große Festtafel, von der sich unser Unterbewußtsein, das Kind in uns, alles herunternimmt, was seine Aufmerksamkeit erregt.

Was immer Sie sich als Aufgabe in diesem Leben auch ausgesucht haben mögen, die folgenden Meditationen sollen Ihnen dabei helfen, sie wahrhaft zu meistern.

Meditationen für Juwelen, Blumen, Ströme und Mischtypen

Juwel

Die folgende Meditation hilft Ihnen, Ihre Juwelen-Natur anzunehmen und Ihre Essenz darin vollkommen auszudrücken:

»Werden Sie innerlich still... Visualisieren Sie in der Mitte Ihres Herzens einen funkelnden Diamanten... Sein Leuchten beginnt Sie völlig zu durchdringen, jede einzelne Körperzelle... Fühlen Sie, wie sich Ihr Sein in all seinen Aspekten aktiviert... auch Ihre mentalen Möglichkeiten... Alle Gedankenformen, die für Ihr Gefühl davon, wer Sie sind, jemals wichtig waren, werden strahlend... Bitten Sie darum, daß alle Ihre Gedankenformen so strahlend werden wie der Diamant in der Mitte Ihres Herzens... ebenso klar, licht und rein... Spüren Sie, wie Sie selbst zu dem klaren, reinen Diamanten werden, und erlauben Sie sich, die ganze Fülle Ihres Seins zu erfahren... Öffnen Sie Ihr Herz, und erkennen Sie, daß der Diamant Ihr ganzes Sein *ist*... Öffnen Sie Ihr Herz und sehen Sie, daß jeder Gedanke so klar und leuchtend ist wie der Diamant, der in Ihrem Herzen strahlt... Bringen Sie Herz und Verstand zueinander... Erfahren Sie Ihre eigene wunderbare Juwelen-Natur.

So sei es.«

Blume

Diese Meditation verstärkt die Blumen-Eigenschaften Ihres Seins:

»Entspannen Sie sich vollkommen auf eine möglichst einfache Art und Weise... Beginnen Sie zu fühlen, wie sich der tausendblättrige Lotus öffnet... Ihr Scheitelchakra... Spüren Sie, wie sich jedes Blütenblatt öffnet, um mehr von Ihrer göttlichen Präsenz aufzunehmen... Nun beginnen Sie jedes einzelne Blütenblatt zu fühlen... als einen ganz besonderen Teil des dennoch einheitlichen Selbst... Sehen Sie, daß es noch vielmehr Blütenblätter gibt als die tausend, die Sie anfangs wahrgenommen haben... Gewahren Sie ihre unendliche Zahl... Jedes der vielen tausend ist in Bewegung... Und jedes steht in Beziehung zu der göttlichen Präsenz in Ihnen... Erlauben Sie Ihrem Seelen-Körper, durch die in diesem wunderbaren Lotus geschaffene Öffnung mit Ihnen zu verschmelzen... Bringen Sie diesen ganzen wunderbaren Lotus nun herunter... Verweilen Sie kurz in jedem Chakra... im Dritten Auge, im Kehlkopfzentrum, im Herzchakra, im Solarplexus, im Nabelzentrum und schließlich an der Wurzel Ihres Seins, im Wurzelchakra... Spüren Sie die Reinigung... die Aktivierung... und über allem die Liebe, die Ihnen jedes Blatt Ihres Blumen-Wesens gegeben hat... Empfangen Sie sich selbst in dieser totalen Liebe, die in Ihnen ist... Verweilen Sie inmitten dieser Blume... Sie sind die Blume, und die Blume ist in Ihnen... Genießen Sie ihr wunderbares Aroma... Genießen Sie dieses herrliche Gefühl... Genießen Sie die Freude, die diese Blume Ihnen schenkt.

So sei es.«

Strom

Diese Meditation verstärkt die Strom-Qualität in Ihrem Sein:

»Beginnen Sie den Fluß des Lebens in sich zu fühlen... sein Strömen... Entspannen Sie sich, und lassen Sie sich einfach auf diesem Fluß treiben, völlig mühelos, von seinem Wasser wohlig umspült... der ganze Körper... Spüren Sie nun, wie das Blut in Ihrem Körper zirkuliert, aktiviert vom Strom des Lebens, in dem Sie treiben...

Immer mehr vermischen sich in Ihrer Vorstellung die Grenzen Ihres physischen Körpers und seiner innewohnenden Flüssigkeiten mit denen Ihres physischen Vehikels, das im galaktischen Strom kristallinen, flüssigen Lichts treibt... Öffnen Sie sich ganz dem Gefühl des Treibens auf dem Wasser... Werden Sie zum Wasser, werden Sie selbst zur Welle, für die es keine Hindernisse, keine Unebenheiten gibt... Fühlen Sie einfach nur, wie Sie treiben, erleben Sie das Gefühl, sich treiben zu lassen... Fühlen Sie, wie wenig Ihr Selbst und das Medium, in dem es fließt, trennt... Werden Sie eins mit dem Medium, in dem Sie treiben... Öffnen Sie sich ganz dieser Erfahrung... Mit der Zeit spüren Sie einen vertikal fließenden Energiestrom, der Sie die direkte Verbindung zu Ihrer Seele spüren läßt... Gehen Sie in dem Gefühl des Nicht-Getrenntseins, des Eins-Seins auf. Erlauben Sie diesem Gefühl von Ganzheit, sich über die früheren, selbstgeschaffenen Grenzen des physischen Körpers hinaus auszudehnen... Es steht Ihnen vollkommen frei, diesen Körper zu verlassen und trotzdem zu fühlen, daß Sie in Ihrem Seelen-Körper sind... Sie sind frei... Sie sind Liebe... Seien Sie, was Sie sind.

So sei es.«

Mischtyp

Diese Meditation verstärkt die Mischtyp-Qualitäten in Ihrem Sein:

»Beginnen Sie zu fühlen, daß Sie als ein vollkommener, strahlender, klarer und lichter Diamant in Ihrem Herzen residieren... Nun setzen Sie diesen Diamanten in die Mitte des tausendblättrigen Lotus auf Ihrem Scheitelchakra und öffnen Sie diesen Bereich... Licht strömt wie flüssig in Sie hinein und durchdringt Ihr ganzes Sein... Es öffnet und reinigt und aktiviert alle Chakren... In diesem flüssigen Licht schwimmt der Lotus mit dem klaren, funkelnden Diamanten in der Mitte und wird durch Sie hindurchgetragen... Fühlen Sie ihn ins Kehlkopfchakra... Lassen Sie es zu, daß dieser energetische Bereich sich in der Welt manifestiert... Weiter zum Herzen... Wissen Sie, das es immer offen ist... ein Zuhause... Und in den Solarplexus... Spüren Sie die Wärme, die ihn umgibt... Im Strom des fließenden

Lichts gelangen Lotus und Diamant ins zweite Chakra ... Fühlen Sie, daß es vorangeht ... Und schließlich ins Wurzelchakra ... Sie sitzen auf den Strahlen des Diamanten, der Liebe des Lotus und dem Strom des Lichts, der Ihr Sein durchflutet ... Nehmen Sie sich selbst in Liebe an, in aller Einfachheit ... Überlassen Sie sich der inneren Stille ... Lassen Sie sich von ihr leiten ... Lassen Sie furchtlos zu, daß Ihr ganzes Wesen, Ihr Sein, sich ausdrückt ... Zögern Sie nicht, Ihrem inneren Geist zu folgen.

So sei es.«

Logo von Cheryl Alevizow

Anhang

Das Handwerkszeug für die Spirituelle Irisanalyse ist fast überall erhältlich. Nachfolgend einige Hilfsmittel, die Sie sich für den Anfang zulegen beziehungsweise verwenden sollten:

1. Rayid-Iris-Tafel: Leitfaden zu den aus der Iris ersichtlichen Denk- und Verhaltensmustern.
2. Rayid-Iris-Tabelle: Leitfaden zur Persönlichkeits- und Beziehungsbestimmung.
3. Vergrößerungsglas mit Beleuchtung.
4. Contactscope-Spiegel mit Beleuchtung zur Selbstbetrachtung.

   Weitere Informationen über:
   Rayid Publications, 629 Dixon Road SAS, Boulder, Colorado 80302, U.S.A.

5. LENA Medical (Irisfotografie). Derzeit die am vielseitigsten verwendbare Profikamera für die Irisfotografie.

   Nähere Informationen zur LENA-Produktpalette über:
   Douglas C. Thompson, 412 N. Coast Hwy. B177, Laguna Beach, CA 92651, U.S.A.

6. *Iridology Review*, Zeitschrift der National Iridology Research Association.

   Adresse: NIRA, 1278 Glenneyre St., Suite 153, Laguna Beach, CA 92651, U.S.A.

   Diese ausgezeichnete Zeitschrift mit Schwerpunkt Irisdiagnostik ist offen für Forschungen hinsichtlich mentaler, emotionaler und spiritueller Implikationen der Iridologie. Über die NIRA können Sie auch die original Rayid-Iris-Tafeln (englisch) beziehen, die Wolf-Tafel und eine Tafel zum Pupillentonus über die unter 4. genannte Adresse.
7. Bernard Jensen, D.C., Bücher und Materialien zum Thema Irisdiagnose.

   Bezug über:
   Iridologists International, Route 1, Box 52, Escondido, CA 92025, U.S.A.

Glossar

Adaptation: Mentale und emotionale Entwicklung, weg von einer polaren Position zur entgegengesetzten

Aufstieg (Ascension): Prozeß der Vereinigung von mentalem, emotionalem und physischem Körper mit der Seele, dem Ursprung, der Quelle, dem lebendigen Universum

Chakra: Zentrum subtiler, spiralförmiger Energie im Menschen, die seine physische Inkarnation versorgt und sie mit den Energiefeldern verbindet, von denen sie in diese Welt ausgesendet wurde

Emotionalkörper: Die innere Dynamik eines Menschen, sein Energiebrunnen, über seinen physischen Körper als Gefühl zum Ausdruck gebracht

Erwachen oder Erwachtsein: Ein vereinender Zustand des Bewußtseins, das im Augenblick, im Jetzt, zentriert ist und sich selbst als eine Verlängerung des Lebendigen Lichts gewahrt

Essenz: Der goldene, von der Seele gesponnene Faden, der sich auch durch die Adaptationen hindurchzieht, die heile Menschen auf der Suche nach ihrer Seele bei ihrer Reise durch diese Welt erfahren

Heilung: Schritt in Richtung eines vollkommeneren Seinszustands

Holographisch: Adjektivische Beschreibung der Simultanität aller Erfahrungen in den verschiedenen Aspekten des Lebens

Lateral: Seitlich gelegen; bei der Irisinterpretation: den Ohren am nächsten

Lebendiges Licht oder *Licht*: Intelligente, kohärente Nicht-Welle-Form universalen Ausmaßes, die *alle* Dimensionen des Seins – ob innerhalb von Raum und Zeit oder außerhalb – in holographischer Kongruenz erschafft

Lebendiges Universum: Der göttliche Körper, die Quelle, der Ursprung all dessen, was ist

licht (kleingeschrieben): Bezug auf die herkömmliche Welle/Partikel-Natur des Lichts

Linkshemisphärische Dominanz: Polarisierende analytische Betrachtungsweise aller Lebenserfahrungen (herkömmlich: Dominanz der linken Gehirnhälfte)

Medial: In der Mitte gelegen; auf die Iris bezogen: der Nase am nächsten gelegen

Mentalkörper: Der Aspekt eines Menschen, der Bewußtseins- oder Gewahrseinsveränderungen registriert

Politisches Selbst: Reagiert auf das Leben als ein Kontinuum von separaten Ereignissen; ist davon überzeugt, daß es das Leben permanent manipulieren muß, um zu überleben (→ Ego)

Realitätsbilder: Bewußte oder unbewußte Vorstellungen von der Realität, die sich entsprechend der Energie, die in sie investiert wird, im Leben manifestieren; bezieht sich auf die Konsensus-Realität, oder das Massenbewußtsein, und auf vorgefaßte Konzepte der Wirklichkeit, die deren Realität ignorieren

Rechtshemisphärische Dominanz: Eine polarisierende Betrachtungsweise, die nicht die trennenden Aspekte von Erfahrungen hervorhebt, sondern die verbindenden, zusammenführenden (herkömmlich: Dominanz der rechten Gehirnhälfte)

Ring der Ausdruckskraft: Ein neuro-optischer Reflexring, der die Pupille umschließt und die Naht zwischen sympathischem und parasympathischem Nervensystem anzeigt; Schlüssel zur Bestimmung der Disposition zu extravertiertem und introvertiertem Verhalten

Ring der Berufung: Ein dunkler Ring am Außenrand der Iris; deutet auf den Drang hin, etwas Besonderes in diesem Leben zu manifestieren, auf eine Lebensmission

Ring der Entschlußkraft: Ein weißlicher Kreis oder Kreisbogen an der Irisperipherie; weist einen Menschen aus, der sich seiner inneren Unsicherheit bewußt und durch entschlossenes Handeln bemüht ist, einen äußeren Rahmen der Sicherheit zu schaffen

Ring der Harmonie: Der lymphatische Kranz weist auf einen Menschen mit hohen sozialen Idealen hin; reagiert ungewöhnlich stark auf »Unordnung« in seinem äußeren Umfeld; scheinbar immer um Harmonie bemüht, nach außen wie nach innen

Ringe der Kraft: Übergeordneter Begriff, der alle in den Iriden auftretende Ringe umfaßt

Seele: Höhere Oktave der irdischen Körpertriade (mentaler, emotionaler und physischer Körper), deren Domäne nicht auf das dreidimensionale Raum-Zeit-Gefüge beschränkt ist

Seelenverschmelzung (Soul merge): Höherer Zustand einer inkarnierten Seele, in dem sich mentaler, emotionaler und physischer Körper in voller Übereinstimmung mit den Absichten der Seele befinden

Sensitivitätsringe: Zirkuläre Furchen im Fasergewebe der Iris; deuten auf ein Reservoir an ruheloser Energie hin, das nach »Abfluß« sucht und darin oft frustriert wird; solche Menschen zwingen sich oft zu übergroßen Anstrengungen

Spirituelle Irisanalyse: Hilfsmittel für Menschen, die an der Entwicklung ihres Bewußtseins arbeiten wollen; bestätigt die Gültigkeit der jedem Menschen innewohnenden Seele und ihrer Absichten

Stehendes Wellenmuster: Ein Bild, um nicht synchrone Energien zu beschreiben

Überlebensblase: Anspielung auf die Superstruktur, die sich das Ego geschaffen hat, um ein gesichertes und perfektes Leben führen zu können; beschränkt Wahrnehmung und Erfahrungen von Perfektion auf den Ist-Zustand des Sein.

Ausgewählte Literatur

Arguelles, Jose and Miriam, Mandala. Berkeley and London, Shambhala 1972; deutsch: Das Große Mandala-Buch. Aurum 1984.

Arguelles, Jose, The Mayan Factor: Path Beyond Technology. Santa Fe, New Mexico, Bear and Company 1987; deutsch: Der Maya-Faktor. Goldmann 1990.

Sentov, Itzhak, Stalking the Wild Pendulum: On the Mechanics of Consciousness. New York, Bantam Bocks 1977; deutsch: Auf der Spur des wilden Pendels: Abenteuer im Bewußtsein, Rowohlt 1986.

Eisler, Riane, The Chalice and the Blade: Our History, Our Future. San Francisco: Harper and Row 1988.

Griscom, Chris, Ecstasy is a New Frequency. Santa Fe, Bear and Co. 1987; deutsch: Die Frequenz der Ekstase. Goldmann 1988.

Guenon, René, The Multiple States of Being. Burdett, New York, Larson Publications, Inc. 1984; deutsch: Stufen des Seins. Aurum 1986.

Guenon, René, The Reign of Quantity and the Signs of the Times. Baltimore, Maryland, Penguin Books 1972.

Hartman, Jane E., Shamanism For The New Age. Placitas, New Mexico, Aquarian Systems Incorporated, 1987.

Hills, Christopher, Rise of the Phoenix: Universal Government by Nature's Laws. Boulder Creek, California, Common Ownership Press 1979.

Hofstadter, Douglas R., Godel, Escher, Bach: An Eternal Golden Braid. New York, Vintage Books 1980; deutsch: Gödel, Escher, Bach, Ein Endloses Geflochtenes Band. Klett/Cotta 1989.

Hunt, Roland T., Man Made Clear for the Nu Clear Age. Lakemont, Georgia, CSA Press 1969.

Hurtak, James J., The Book of Knowledge: The Keys of Enoch. A teaching given on seven levels to be read and visualized in preparation for the Brotherhood of Light to be delivered for the quickening of the »People of Light«. Los Gatos, California, The Academy for Future Science 1973.

Johari, Harish, Chakras: Energy Centers of Transformation. Rochester, Vermont, Destiny Books 1987.

Johnson, Denny, 101 Ways to Feed the Heart. Portland, Oregon, Rayid Publications 1985.

Johnson, Denny, Touch Starvation In America: A Call to Arms. Santa Barbara, California, Rayid Publications 1985.

Johnson, Denny, What the Eye Reveals Book One. An Introduction to the Rayid Method of Iris Interpretation. Goleta, California, Rayid Publications 1984.

Loye, David, The Sphinx and the Rainbow: Brain, Mind and Future Vision. Colorado, Boulder 1983; deutsch: Die Sphinx und der Regenbogen. Gehirn, Geist und Vision. Rowohlt 1988.

Sanford, John A., The Invisible Partners: How the Male and Female in each of us affects our Relationships. New York, Paulist Press 1980; deutsch: Unsere unsichtbaren Partner. Von den verborgenen Quellen des Verliebtseins und der Liebe. Ansata 1986.

Schwaller de Lubicz, R. A., Sacred Science: The King of Pharaonic Theocracy. New York, Inner Traditions International 1982.

Schwaller de Lubicz, R. A., Symbol and the Symbolic: Egypt, Science and the Evolution of Consciousness. Brookline, Massachusetts, Autumn Press 1978.

Schwaller de Lubicz, R. A., The Temple In Man: Sacred Architecture and the Perfect Man. New York, Inner Traditions International 1977.

Sharan, Farida, Iridology: A complete guide to diagnosing through the iris and to related forms of treatment. A Thorsons Complementary Medical Textbook. Northhamptonshire, England, Thorsons Publishing Group 1989.

Thompson, William Irwin, The Time Falling Bodies Take To Light: Mythology, Sexuality and the Origins of Culture. New York, St. Martin's Press 1981; deutsch: Der Fall in die Zeit. Mythologie, Sexualität und der Ursprung der Kultur. Rowohlt 1987.

Vithoulkas, George, The Science of Homeopathy. New York, Grove Press 1980; deutsch: Die wissenschaftliche Homöopathie. Burgdorf 1986.

Waters, Frank, Book of the Hopi. The first revelation of the Hopi's historical and religious world view of life. New York, Penguin Books 1987; deutsch: Das Buch der Hopi. Diederichs 1986.

Wolf, Harri, Applied Iridology. Volume One. San Diego, California, National Iridology Research Association 1979.

Die Autoren

Jeremiah Weser, ein praktizierender Iridologe in Santa Fe, New Mexico, wandte sich von einer Reihe von Jahren dem Rayid-Modell der Iridologie zu. Als metaphysischer Gelehrter und Autor leitet er Seminare in Europa, den USA und Südamerika. Der Schwerpunkt seiner Arbeit liegt darin, Menschen bei der Verbesserung ihrer Kommunikation mit sich selbst und anderen zu helfen.

Catherine Weser ist Künstlerin und spirituelle Beraterin. Als sie 1985 in die Rayid-Iridologie eingeführt wurde, verinnerlichte sie dieses Wissen, um anderen kreativ zu helfen und den Wandel in ihrer Essenz in allen Beziehungen und Dimensionen zu verbreiten. Sie arbeitet eng mit ihrem Mann Jeremiah bei Seminaren und Einzelsitzungen zusammen.